EIN GUTER JOB FÜR DETEKTIVE

FALL 5: JOHANNES

Ros Woodman
Illustrationen von Ron Wheeler

BORN-VERLAG

Außerdem bisher in dieser Reihe erschienen:

Fall 1: Jesus
ISBN 3-87092-308-3
Bestellnr. 182.308

Fall 2: Matthäus
ISBN 3-87092-309-1
Bestellnr. 182.309

Fall 3: Markus
ISBN 3-87092-310-5
Bestellnr. 182.310

Fall 4: Lukas
ISBN 3-87092-311-3
Bestellnr. 182 311

IMPRESSUM

Illustrationen: Ron Wheeler
Übersetzung: Verena Keil
Umschlag: Dieter Betz Design-Kommunikation, Friolzheim
Satz: Andrea Gohlke, Hannover
Druck Umschlag: Werbedruck GmbH Horst Schreckhase, Spangenberg
Druck Innenseiten: Deutscher EC-Verband, Kassel

ISBN 3-87092-312-1
Bestellnr. 182.312

HALLO, WIR SIND PETER UND ANNIKA

Wir sind das Team der Bibel-Detektive. Im Moment arbeiten wir gerade wieder an einem spannenden Fall. Hast du nicht Lust bei uns mitzumachen? Zur Zeit ermitteln wir im Fall Johannes-Evangelium.

An dieser Stelle möchte ich noch Klick, unsere Computermaus, vorstellen, die uns bei unseren Ermittlungen hilft. Sie hat schon ein paar Daten heruntergeladen, damit wir gleich anfangen können.

Klick, zeig uns doch mal, was du herausgefunden hast!

JOHANNES

Autor des Johannes-Evangeliums. Er war ein Sohn des Zebedäus und Bruder von Jakobus, der auch zu den Jüngern Jesu gehörte. Johannes wird auch als „der Jünger, den Jesus besonders lieb hatte“, bezeichnet.
Er schrieb das Evangelium auf, „damit ihr glaubt, dass Jesus der Sohn Gottes ist, und ihr durch den Glauben an ihn das ewige Leben habt.“ (Johannes 20,31)

EVANGELIUM

Evangelium ist ein anderes Wort für Gute Nachricht. Vier Bücher des neuen Testaments heißen Evangelium: Matthäus, Markus, Lukas und Johannes. Sie beschreiben uns die Gute Nachricht, die wir in der Bibel lesen können. Sie lautet, dass Jesus für uns gestorben ist, um uns von unseren Sünden zu befreien.

BIBEL

Die Bibel ist Gottes Buch. Er suchte sich Menschen aus, die aufschreiben sollten, was Gott zu ihnen gesagt hat und was er getan hat. Propheten, gottesfürchtige Menschen und die Jünger schrieben es auf oder erzählten anderen davon. Im Alten Testament steht alles, was sich vor der Geburt Jesu ereignete. Das Neue Testament erzählt von Jesu Leben, seinem Tod, der Auferstehung und davon, was seine Anhänger taten, nachdem er in den Himmel zurückgekehrt war. Außerdem berichtet es auch von der Zukunft.
Das alte und das neue Testament sind in verschiedene Teile geteilt. Das alte Testament besteht aus 39 einzelnen Büchern. Zum neuen Testament gehören 27 Bücher. Insgesamt befinden sich also 66 Bücher in der Bibel. Davon ist jedes Buch wiederum in kleinere Teile geteilt. Diese nennt man Kapitel. Ein Kapitel besteht auch aus kleineren Abschnitten, die man Verse nennt.

Altes Testament:
Geschichtsbücher: 1. Mose, 2. Mose, 3. Mose, 4. Mose, 5. Mose, Josua, Richter, Rut, 1. und 2. Samuel, 1. und 2. Könige, 1. und 2. Chroniken, Esra, Nehemia, Ester, Hiob, Psalmen, Sprüche, Hohelied; *Propheten:* Jesaja, Jeremia, Hesekiel, Daniel, Hosea, Joel, Amos, Obadja, Jona, Micha, Nahum, Habakuk, Zefanja, Haggai, Sacharja, Maleachi

Neues Testament:
Evangelien: Matthäus, Markus, Lukas, Johannes; *Apostelgeschichte;* Briefe des Apostel Paulus an Römer, Korinther 1. und 2., Galater, Epheser, Phillipper, Thessalonicher 1. und 2., Timotheus 1. und 2., Titus, Philemon; *weitere Briefe* an die Hebräer, von Jakobus, von Petrus 1. und 2., von Johannes 1., 2. und 3., von Judas; *Offenbarung* des Johannes

INFOS

Bücher, Kapitel und Verse machen es für gewöhnlich einfacher Bibelstellen zu finden.
Wenn die Ermittlungen abgeschlossen sind, weißt du, dass die Geschichten im Evangelium nach Lukas zu finden sind. Lukas ist das dritte Buch des Neuen Testaments. Die Evangelien berichten von vielen Menschen, die Jesus getroffen haben, und ihren Erlebnissen. Die Ereignisse in diesen Büchern sind wirklich geschehen!

Das ist großartig Klick! Danke, dass du uns das gezeigt hast.
So, jetzt geht`s los - nimm einen Stift in die Hand, denk scharf nach und lass uns anfangen!

DIE ERSTEN JÜNGER

Jesus sammelte eine Gruppe von Leuten um sich, die ihm nachfolgen sollten. Sie wurden Jünger genannt. *Lies, was passierte ...*

Johannes der Täufer stand gerade bei zwei von seinen Jüngern, als Jesus vorüberlief. „Seht, das ist das Lamm Gottes!", sagte Johannes. Die zwei Jünger folgten Jesus. „Was wollt ihr?", fragte Jesus und sie antworteten: „Meister, wo wohnst du?" Da nahm Jesus sie mit zu sich und sie verbrachten den Rest des Tages zusammen.

KANNST DU HERAUSFINDEN, WER EINER DER MÄNNER WAR? SCHREIBE DIE ANFANGS-BUCHSTABEN DER DINGE, DIE HIER ABGEBILDET SIND, IN DIE LÜCKEN!

___ ___ ___ ___ ___ ___ ___

Dieser Jünger ging gleich zu seinem Bruder und sagte ihm: „Wir haben den Messias gefunden!"
WIE HIESS DER BRUDER?

___ ___ ___ ___ ___

In den Schriften steht, dass eines Tages der Messias kommen würde. Die Juden warteten auf ihn. Als Jesus den nächsten Mann sah, nannte er ihn bei seinem Namen, aber er gab ihm noch einen anderen Namen: Kephas. Das heißt übersetzt „Fels".

___ ___ ___ ___ ___ ___

Am nächsten Tag ging Jesus nach Galiläa und traf dort noch einen Mann. „Komm, werde mein Jünger!", forderte er ihn auf. Der Mann folgte Jesus. **WIE WAR SEIN NAME?**

___ ___ ___ ___ ___ ___ ___ ___ ___

Dieser Jünger ging zu einem Freund und erzählte ihm: „Wir haben den gefunden, von dem schon Mose und die Propheten geschrieben haben! Er heißt Jesus von Nazareth und ist der Sohn von Joseph." **ZU WEM SPRACH ER?**

___ ___ ___ ___ ___ ___ ___ ___ ___

Nachdem Nathanael mit Jesus geredet hatte, war er sehr erstaunt und bekannte: „Meister, du bist wirklich der Sohn Gottes, der König von Israel!"

DIE HOCHZEIT IN KANA

Jesus tat sein erstes Wunder auf einer Hochzeit. Wir haben alles darüber herausgefunden. Klick hat uns dabei geholfen.

Die Mutter von Jesus war zur Hochzeitsfeier in das Dorf Kana in Galiläa eingeladen. Auch Jesus und seine Jünger gehörten zu den Gästen. Spät am Abend gab es ein Problem.
„Jesus", sagte seine Mutter Maria, „der Wein ist gleich alle."
Jesus antwortete: „Was geht mich das an? Ich kann jetzt noch nichts tun." Aber Maria lief trotzdem zu den Dienern und sagte: „Macht was er euch sagt!"

Im Haus gab es sechs steinerne Wasserkrüge. Sie wurden von den Juden für die religiöse Reinigung verwendet. In einen Krug passten ungefähr 80 bis 120 Liter Flüssigkeit hinein. „Füllt sie mit Wasser!", sagte Jesus. Als alle Krüge voll waren, befahl Jesus, etwas davon dem Küchenchef zu bringen. Das Wasser hatte sich in Wein verwandelt! Der Küchenchef wusste aber nicht, was geschehen war. Er rief zu dem Bräutigam herüber: „Gewöhnlich serviert man den besten Wein zuerst. Später, wenn alle schon viel getrunken haben, bringt man den billigeren Wein. Denn dann achtet man nicht mehr so sehr auf das, was man trinkt. Aber du hast ja den besten Wein bis jetzt zurückgehalten!"

Nach diesem Erlebnis wurde der Glaube der Jünger gestärkt.

KANNST DU IM LINKEN BILD SECHS SPINNEN FINDEN UND IM RECHTEN BILD SIEBEN BECHER?

JESUS REINIGT DEN TEMPEL

Zur Zeit des Passahfestes ging Jesus nach Jerusalem. Aber als er in den Tempel kam, wurde er sehr wütend.
Denn statt eines ruhigen Ortes zum Beten fand er einen lärmenden Markt vor. Die Händler verkauften Rinder, Schafe und Tauben. Auch bei den Geldwechslern herrschte geschäftiges Treiben. Kannst du dir das Gedränge und den Lärm vorstellen und den Geruch, den die Tiere verbreiteten?
Jesus machte sich voller Zorn aus Stricken eine Peitsche und trieb alle aus dem Tempel. Er warf die Tische der Geldwechsler um und das Geld rollte auf den Boden. Dann sagte Jesus zu einigen Leuten, die gerade Tauben kauften: „Schafft alles von hier weg! Macht das Haus meines Vaters nicht zu einem Marktplatz!“ Die Jünger erinnerten sich an die Worte, die vor langer Zeit über Jesus gesagt wurden ...

KANNST DU ES HERAUSFINDEN? ÜBERSPRINGE DABEI ALLE KÄSTCHEN MIT EINEM X!

D	e	X	r	E	i	x	f	e		___ ______ __
r	u	x	m	d	e	x	i	n	H	____
a	u	x	s	v	x	e	r	z		____ _________
e	x	h	r	t	m	i	x	c	h	____ Psalm 69,10

Die Führer der Juden waren verärgert. „Wer gibt dir die Vollmacht, so etwas zu tun?“, fragten sie. „Beweise sie doch mit einem Wunder!“ Jesus antwortete: „Zerstört diesen Tempel und ich werde ihn in drei Tagen wieder aufbauen!“ Da sprachen sie: „Wir haben 46 Jahre gebraucht, den Tempel zu errichten und du willst ihn in nur drei Tagen aufbauen?“

BEANTWORTE DIE FRAGEN UND DIE MARKIERTE SPALTE WIRD DIR ZEIGEN, WAS JESUS MIT „DIESER TEMPEL“ GEMEINT HAT! ER KÜNDIGTE DAMIT SCHON AN, WAS SPÄTER EINMAL MIT IHM GESCHEHEN WÜRDE (Ä = AE)!

1. Sie wurden als Opfertiere verkauft.
2. Diese Tiere können fliegen.
3. Daraus wird eine Peitsche hergestellt.

4. Das forderten die Führer der Juden von Jesus.
5. Das rollte auf den Boden.
6. Sie verkauften Opfertiere.
7. Jemand, der etwas verkauft, wird auch ... genannt.
8. Diese sollte Jesus beweisen.
9. Sie tauschten Geld um.
10. Die Führer der Juden waren sehr ...
11. Das wurde gerade in Jerusalem gefeiert.
12. Sie warf Jesus im Tempel um.
13. Jesus sagte, sie hätten das Haus Gottes zu einem ... gemacht.

JESUS SPRICHT MIT NIKODEMUS

Einmal kam ein Mann mitten in der Nacht zu Jesus. Er hieß Nikodemus und gehörte zu den religiösen Leitern des jüdischen Gerichtshofes.

Lehrer, wir wissen, dass dich Gott zu uns gesandt hat. Ja, wir haben Beweise, dass Gott mit dir ist, weil wir deine Wunderzeichen sehen.

Jesus antwortete:

„Ich sage dir die Wahrheit. Wenn du nicht von Neuem geboren wirst, kannst du das Reich Gottes nicht sehen.“

Nikodemus war von dieser Antwort sehr verwirrt.

Wie meinst du das? Kann denn ein erwachsener Mann zurück in den Bauch seiner Mutter kriechen und noch einmal geboren werden?

Das ist die Wahrheit: Niemand kann in das Reich Gottes kommmen, ohne durch Wasser und den Heiligen Geist neu geboren zu werden.

Ein Mensch kann nur menschliches Leben hervorbringen, aber der Heilige Geist schenkt neues, ewiges Leben. Sei nicht überrascht, wenn ich dir sage, dass du von Neuem geboren werden musst. Schau: Du kannst den Wind hören, aber du weißt nicht, woher er kommt und wohin er geht. Genauso wenig kannst du erklären, wie Menschen durch den Heiligen Geist geboren werden können.

Nikodemus verstand immer noch nicht und deshalb redete Jesus weiter:

Du bist ein anerkannter Lehrer, aber du verstehst meine Worte nicht? Du glaubst nicht an die irdischen Dinge, die ich dir erzähle. Wie willst du dann an das glauben, was im Himmel geschieht?

Ich bin der Einzige, der auf die Erde gekommen ist und in den Himmel zurückkehren wird. Mose hat in der Wüste einen Stab mit einer Schlange aus Bronze hochgehalten. Genauso muss auch ich an einem Pfahl erhöht werden. Jeder, der an mich glaubt, wird das ewige Leben haben.

Klick hat für dich eine Bibelstelle entdeckt, wo du mehr über diese Geschichte mit der Schlange erfahren kannst. Sie steht im Alten Testament ...
Klick, zeig uns doch, wo sie genau steht!
Im 4. Buch Mose!

Als Jesus den Menschen diese Geschichte erzählte, sprach er gleichzeitig auch über die Art und Weise, wie er selbst sterben würde. Aber warum sprach Jesus über seinen Tod? Und warum kam Jesus eigentlich auf die Erde? Er sagte etwas sehr Wichtiges zu Nikodemus:

ERGÄNZE DIE FEHLENDEN VOKALE A, E, I, O UND U. SO KANNST DU DEN GRUND ERMITTELN, WARUM JESUS ZU UNS GEKOMMEN IST!

D_nn G_tt h_t d_ _ M_nschen s_ s_hr gel_ebt, d_ss _r s_ in_n _ _nzig_n S_hn fu_r s_ _ h_rg_b. J_d_r, d_r an _hn gl__bt, w_rd n_cht v_rl_ren g_hen, s_ndern d_s _w_ge L_b_n h_b_n. Johannes 3,16

Jesus sprach weiter:

Licht kam vom Himmel herab in diese Welt. Aber die Menschen liebten die Dunkelheit mehr als das Licht, weil sie böse Dinge taten.

Sie hassten das Licht, weil sie in der Dunkelheit weiter schlimme Dinge tun wollten. Sie hielten sich fern vom Licht, weil sie nicht wollten, dass ihre Sünden sichtbar wurden und sie deshalb bestraft wurden.

ERGÄNZE DIE FEHLENDEN BUCHSTABEN A, E, I, O UND U, UM HERAUSZUBEKOMMEN, WAS JESUS SAGTE!

W_r tut, w_s r_chtig _st, tritt g_rne _ns L_cht. J_der k_nn d_nn s_hen, d_ss er t_t, was G_tt w_ll.

JOHANNES 3

WAAGERECHT (Ä = AE, Ö = OE, Ü = UE)

2. Ein anderes Wort für „laufen".
7. Die Menschen liebten sie mehr als das Licht.
8. Jesus kam zu uns auf die ...
9. Heißes Getränk
10. Er hielt eine Schlange an einem Stab hoch.
12. Einige Menschen fürchteten, dass diese ans Licht kommen würde.
14. Gegenteil von böse
15. Weil einige weiter sündigen wollen, ... sie das Licht.
17. Gegenteil von wahr
19. Die Dinge, die die Menschen taten, waren ...
20. Jesus sagte, dass er dorthin zurückkehren wird.
21. Gottes ... wird denen versprochen, die an Jesus glauben.
22. Gegenteil von Nacht

SENKRECHT

1. Einer der fünf Sinne
3. Gegenteil von Anfang
4. Das fiel im Tempel auf die Erde.
5. Jesus ist ... Sohn.
6. Jesus ist auf die Erde gekommen, um die Menschen zu ...
10. Menschen können nur ... Leben hervorbringen.
11. Die Menschen, die nicht an Gott glauben, sind deswegen schon verurteilt.
13. Gott liebte alle Menschen auf der ganzen ... so sehr, dass er seinen Sohn sandte.
16. Man muss durch das ... und den Heiligen Geist von Neuem geboren werden.
18. Auf die Welt kommen

JOHANNES DER TÄUFER PREIST JESUS

Jesus verließ Jerusalem und ging mit seinen Jüngern nach Judäa. Als sie dort waren, tauften sie viele Menschen.

Johannes der Täufer hielt sich nicht weit weg von ihnen auf. Auch er taufte die Mensch en - an einem Ort, der Änon hieß und in der Nähe von Salim lag.

Da brach zwischen den Jüngern des Johannes und einem Juden ein Streit über die Reinigungsvorschriften aus ...

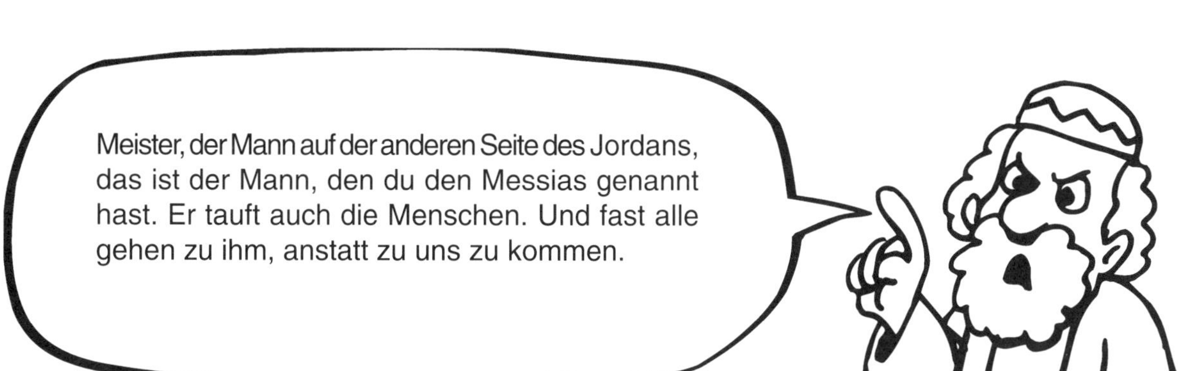

Und Johannes sagte:

Johannes erklärte dem Juden, dass er wie ein Freund des Bräutigams sei. Er freute sich über das, was Jesus tat.

DIE BILDERRAHMEN ZEIGEN DIR DIE RICHTIGE REIHENFOLGE -FINDE HERAUS, WAS ER SAGTE!

Johannes erklärte, dass Jesus größer ist als irgend jemand anderes. Johannes konnte nur die irdischen Dinge verstehen, Jesus aber war vom Himmel gekommen. *Schau dir die Worte in den Luftballons an: all das sagte Johannes der Täufer.*

ERMITTLE DAS FEHLENDE WORT IM BALLON DER OBEREN REIHE, INDEM DU DIE ANFANGSBUCHSTABEN DER DINGE, DIE DAZWISCHEN ABGEBILDET SIND, ANEINANDER FÜGST!

Gott rüstete Jesus mit etwas ganz Wichtigem aus.

LÖSE DAS FOLGENDE RÄTSEL, INDEM DU DIE WORTE AUS DEN OBEREN BALLONS EINFÜGST! BEI DER 7 MUSST DU ETWAS WEITERDENKEN. DIE SENKRECHTE SPALTE VERRÄT DIR DANN, WAS GOTT JESUS GAB (Ä = AE, Ö = OE, Ü = UE).

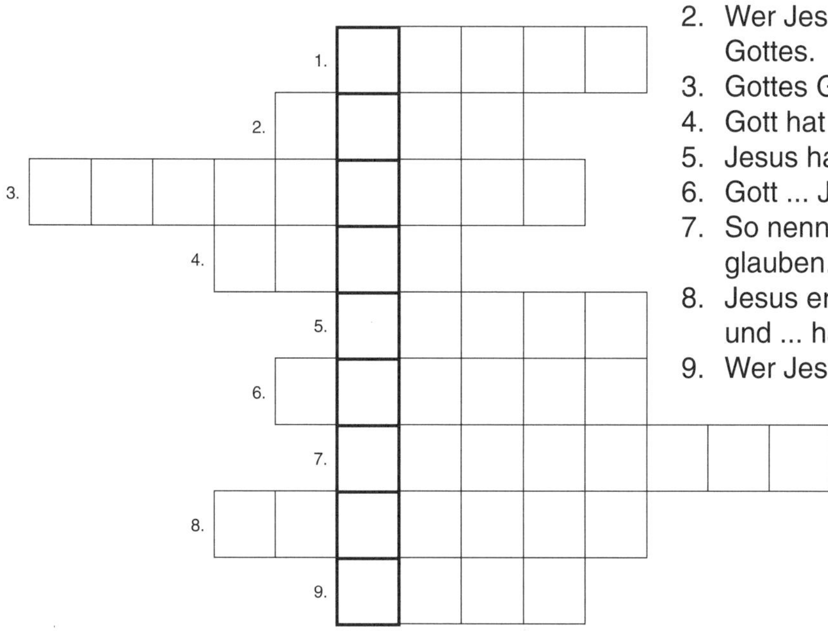

1. Gott war der ... Jesu.
2. Wer Jesus abweist, auf dem liegt der ... Gottes.
3. Gottes Geist ... Jesus.
4. Gott hat ... Macht in seiner Hand.
5. Jesus hat alle ... von seinem Vater.
6. Gott ... Jesus zu uns.
7. So nennt man Menschen, die an Jesus glauben.
8. Jesus erzählt uns, was er bei Gott gesehen und ... hat.
9. Wer Jesus vertraut, erkennt das Gott ... ist.

JESUS UND DIE FRAU AM BRUNNEN

Jesus überraschte seine Jünger immer wieder.
Ja, wie in der folgenden Geschichte, wo er mit einer Frau aus Samarien redete. Klick, kannst du uns die Geschichte zeigen?

Jesus und seine Jünger kamen in ein Dorf, das Sychar hieß und in Samarien lag. Es war Mittag, und Jesus setzte sich an einen Brunnen um ein wenig auszuruhen. Er war müde geworden von dem langen Fußmarsch. Jesus war allein. Seine Jünger waren in das Dorf gelaufen um etwas zu essen zu kaufen. Es dauerte nicht lange und eine samaritische Frau kam an den Brunnen um Wasser zu schöpfen. Jesus sagte zu ihr: „Bitte, gib mir etwas zu trinken!" Die Frau war überrascht, denn Juden wollten damals mit Leuten aus Samarien nichts zu tun haben. Frauen wurden von ihnen überhaupt nicht beachtet. Sie fragte Jesus: „Warum bittest du mich um etwas zu trinken?"

Die Frau kannte Jesus offensichtlich nicht. Kannst du herausfinden, was Jesus antwortete?

BRING DIE WORTGRUPPEN IN DIE RICHTIGE REIHENFOLGE!

- Wenn du wüsstest,
- und wer dich hier
- würdest du mich
- geben will
- um das Wasser bitten,
- was Gott dir
- das du zum Leben
- um Wasser bittet,
- würde es dir geben.
- brauchst. Und ich

Antwort: ____

____ (Johannes 4,10)

Wie du dir vielleicht vorstellen kannst, war die Frau ziemlich verwirrt von dieser Antwort.

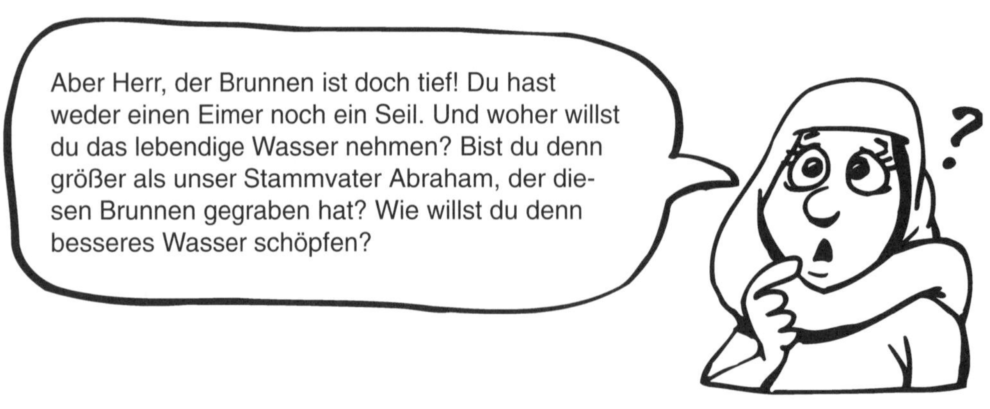

Jesus antwortete: „Jeder, der von diesem Wasser hier trinkt, wird wieder durstig werden. Aber das Wasser, das ich ihm gebe, löscht den Durst für immer. Es wird in ihm zu einer Quelle werden, die ewiges Leben hervorbringt."

Das ist alles sehr kompliziert! Wir müssen noch mehr herausfinden.

Jesus verwendet hier eine sehr bildliche Sprache um zu erklären, was passiert, wenn du dein ganzes Vertrauen auf ihn setzt. Der Heilige Geist ist wie das Wasser. Es stillt deinen Durst. Genauso erfüllt dich der Heilige Geist mit Freude und macht dich satt. Denn durch ihn weißt du, dass du stets zu Jesus kommen kannst.
Jesus unterhielt sich noch immer mit der Frau. Er sagte ihr, dass er alles über sie wusste: Fünf Männer hat sie gehabt. Der, mit dem sie jetzt zusammen lebt, war nicht ihr Mann. Kannst du dir vorstellen, wie verblüfft die Frau von den Worten Jesu war?
Hier steht, was weiter passierte.
Die Frau sagte zu Jesus:

Jesus antwortete ihr:

Und dann kamen die Jünger wieder zurück.
Peter, was passierte dann?

Also, Annika:
Die Frau rannte in das Dorf und erzählte jedem:

Die Menschen strömten aus dem Dorf herbei. Viele glaubten an Jesus, denn die Frau hatte ihnen ja von Jesus erzählt. Von allen Seiten wurde er von den Menschen bedrängt noch ein wenig zu bleiben. Deshalb hielt er sich weitere zwei Tage bei ihnen auf und das ganze Dorf hörte ihm zu.

HIER KANNST DU ERMITTELN, WAS DIE MENSCHEN SPÄTER ERZÄHLTEN.
SCHAU DIR ZUERST DEN CODE GENAU AN, BEVOR DU LOSLEGST! EINIGE SYMBOLE SEHEN ZUM VERWECHSELN ÄHNLICH AUS.

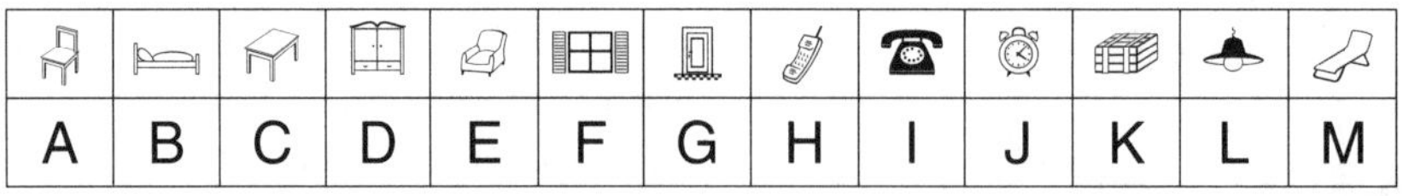

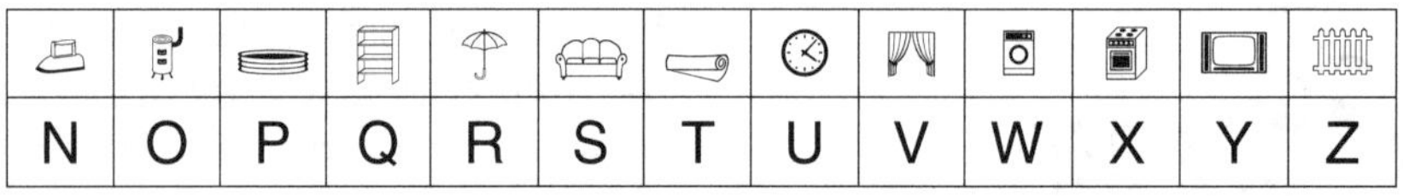

JESUS HEILT EIN SCHWERKRANKES KIND

Hallo, Bibel-Detektiv! Peter und ich sind wieder unterwegs. Nachdem Jesus eine Weile in Samarien geblieben war, zog er weiter nach Galiläa. Dort wurde er freundlich aufgenommen. Die Menschen dort hatten all die Wunderzeichen gesehen, die Jesus zum Passahfest in Jerusalem getan hatte.

Klick hat uns eine E-mail geschickt und uns über das informiert, was in Kapernaum geschehen ist. Hier ist auch ein Bild ...
KANNST DU DEN SCHMETTERLING DARIN ENTDECKEN? ER HAT SICH WIRKLICH SEHR VERSTECKT!

In Kapernaum lebte ein königlicher Offizier. Sein Sohn lag im Sterben. Deshalb lief er zu Jesus und bat ihn sein Kind wieder gesund zu machen.

Jesus sagte: „Muss ich erst Zeichen und Wunder tun, bevor du an mich glaubst?“ Aber der Mann bedrängte ihn sehr.

Dann forderte Jesus den Mann auf nach Hause zu gehen. Er sagte ihm, dass sein Sohn nicht sterben wird.

Der Mann glaubte an die Worte von Jesus und lief nach Hause. Noch während er auf dem Weg war, kamen ihm seine Diener entgegen und sagten ihm, dass sein Sohn wieder gesund ist!

Der Mann fragte die Diener, seit wann es ihm wieder besser ging. Und sie sagten ihm: „Seit ein Uhr Mittag!“

Das war genau die Uhrzeit, als Jesus dem Mann sagte, dass sein Sohn gesund wird! Daraufhin glaubten der Offizier und seine ganze Familie an Jesus.

KANNST DU AUCH IN DIESEM BILD EINEN SCHMETTERLING FINDEN?

JESUS MACHT EINEN MANN GESUND

Wieder war Jesus unterwegs. Diesmal ging er nach Jerusalem. Es war gerade Sabbat, also jüdischer Feiertag.

In der Stadt, ganz in der Nähe des Schaftores, befand sich der Teich Bethesda. Viele Menschen mit den verschiedensten Krankheiten kamen hierher: Blinde, Lahme und Gebrechliche. Sie glaubten, dass derjenige, der als Erster in den Teich lief, wenn das Wasser anstieg, wieder gesund werden würde.

Es lag auch ein Mann hier, der seit 38 Jahren krank war. Als Jesus das erfuhr, fragte er ihn: „Willst du gesund werden?" Der Mann antwortete: „Herr, hier gibt es doch niemanden, der mich in den Teich trägt, wenn das Wasser steigt. Und wenn ich versuche, selbst hinzulaufen, dann ist immer ein anderer schnelller als ich." Jesus sagte ihm: „Steh auf! Nimm deine Matte und geh nach Hause!" Der Mann war tatsächlich geheilt! Er rollte die Matte zusammen, auf der er gelegen hatte, und lief glücklich davon.

Da gab es ziemlich viel Ärger. Jesus hatte diesen Mann ja am Sabbat geheilt, und es war streng verboten an einem solchen Feiertag irgendetwas zu tun.

KANNST DU DIE DREI UNTERSCHIEDE ZWISCHEN DEN BILDERN FESTSTELLEN?

„Wer befiehlt denn, so etwas am Sabbat zu tun?", empörten sich da die Juden, als sie den Mann sahen. *Vielleicht fragst du dich jetzt: ‚Warum freuen sie sich nicht, dass ein Mensch wieder gesund geworden war?' Nicht wahr, Peter?*
Aber der geheilte Mann konnte ihnen keine Auskunft über Jesus geben. Dieser war schon wieder in der Menschenmenge verschwunden.

Später fand Jesus den Mann im Tempel wieder. Dort sagte er ihm: „Du bist jetzt wieder gesund. Höre auf zu sündigen, damit dir nicht noch etwas Schlimmeres passiert!" Dann ging der Mann weg und erzählte den Juden, dass Jesus ihn wieder gesund gemacht hatte.

JESUS IST DER SOHN GOTTES

Tatsächlich, Annika! Die Anführer der Juden mochten Jesus wirklich nicht und wollten ihn sogar töten. Nicht, weil er am Sabbat nicht die jüdischen Gesetze einhielt, sondern weil er sich selbst Sohn Gottes nannte.
Du weißt, Peter, dass Jesus etwas sehr Wichtiges zu sagen hatte. Noch wollte Jesus sich nicht von den Juden das Wort verbieten lassen.

KANNST DU DIE PUZZLE-TEILE ZUSAMMENFÜGEN UND AUFKLÄREN, WAS ER SAGTE? DU KANNST DAZU AUCH DIE UNTENSTEHENDE VORLAGE BENUTZEN!

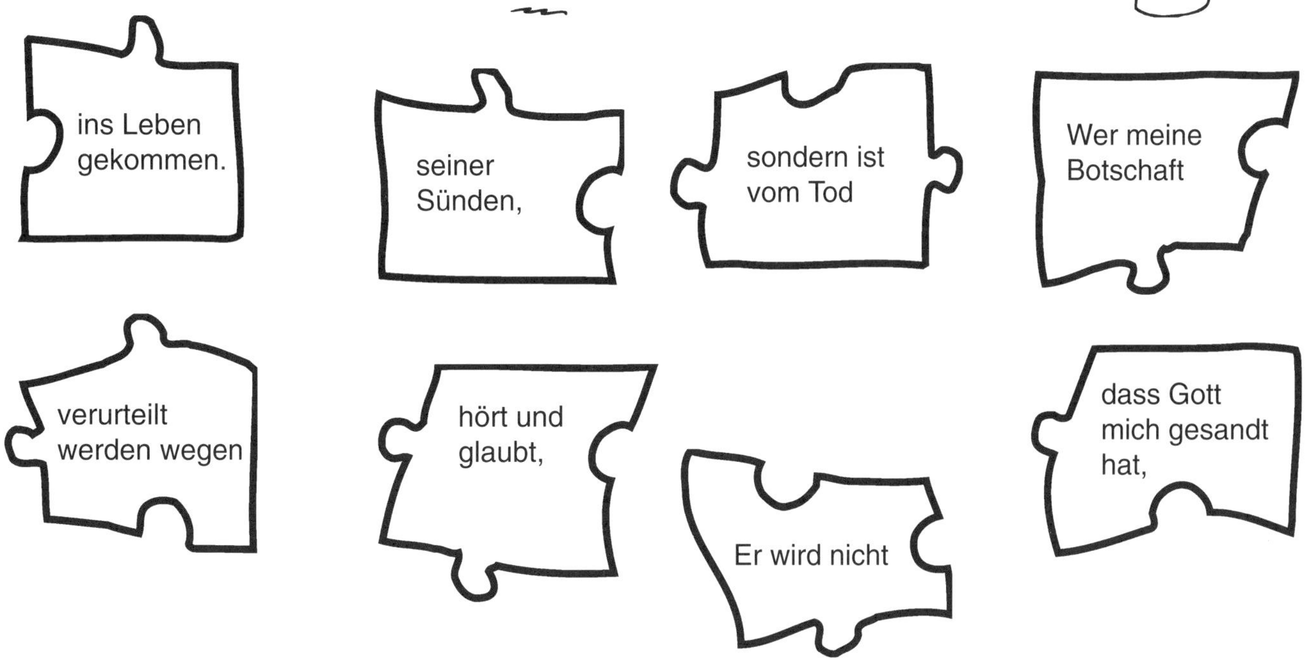

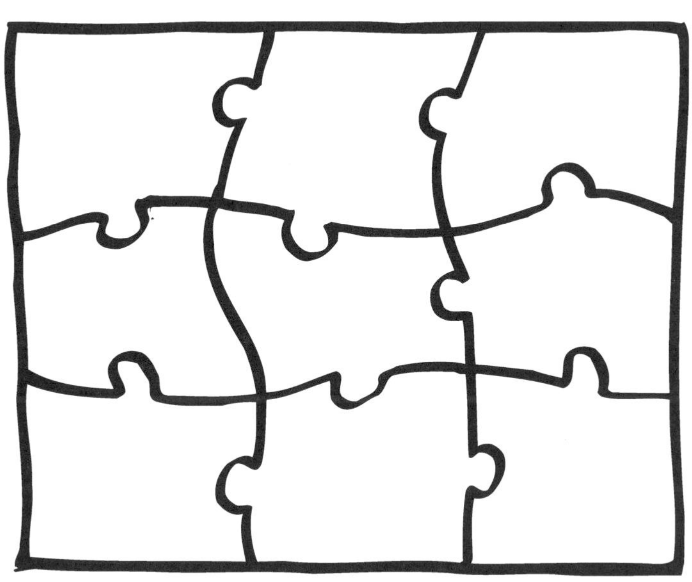

Antwort: :____

____

Jesus schimpfte mit den Juden. Hier kannst du Einiges davon lesen.
DAZU MUSST DU ABER ERST MIT HILFE DES CODES DIE LÜCKEN IM TEXT AUSFÜLLEN!

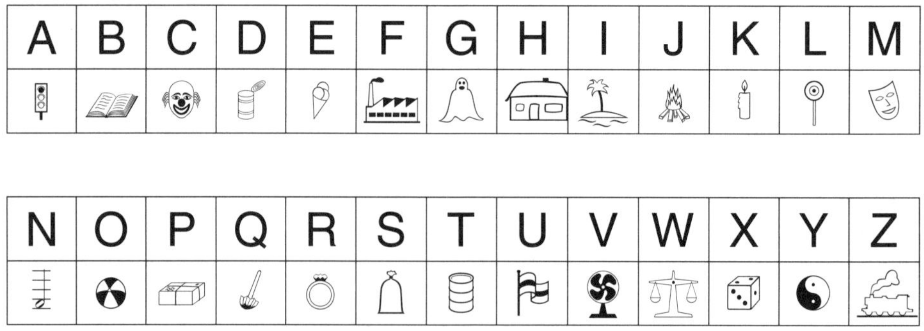

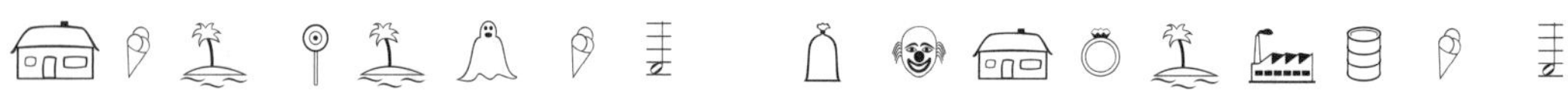

Ihr meint, die __ __ __ __ __ __ __ __ __ __ __ __ __ __ __ __ __ __,

die ihr täglich studiert, geben euch ewiges Leben. Aber diese

__ __ __ __ __ __ __ __ __ verweisen nur auf mich!

Ihr __ __ __ __ __ __ __ euch trotzdem zu mir zu kommen, damit ich euch

__ __ __ __ __ __ __ __ __ __ __ schenken kann.

Ich bin gekommen, weil mein __ __ __ __ __

mich geschickt hat. Ihr __ __ __ __ __ __

mir ja nicht. Aber jeden anderen, der in

Gottes __ __ __ __ __ daherkommt,

den nehmt ihr an!

Ihr gebt euch viel Mühe euch gegenseitig zu loben. Aber ihr kümmert euch nicht darum Gutes zu tun, damit Gott euch loben kann!

JESUS MACHT FÜNFTAUSEND MENSCHEN SATT

Peter, kannst du dir vorstellen, wie es ist, ständig von Menschenmassen umgeben zu sein?

Jesus kannte das! Die Leute sahen die Zeichen und Wunder, die er tat und sie folgten ihm überall hin ...

Eines Tages überquerte Jesus mit dem Boot das Galiläische Meer. Er setzte sich mit seinen Jüngern an einem Berghang hin um sie zu unterrichten. Aber als Jesus hochschaute, sah er eine große Menschenmenge auf ihn zukommen.

FÜGE DIE ZERBROCHENEN BROTSTÜCKE WIEDER ZUSAMMEN UM ZU SEHEN, WAS ER ZU PHILIPPUS SAGTE!

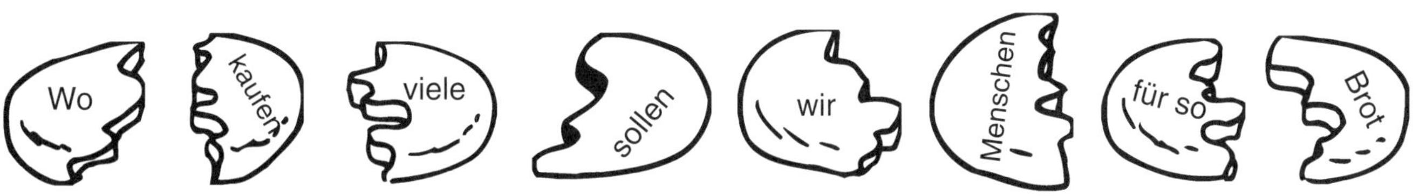

Antwort: ____

Die Bibel sagt uns, dass Jesus immer wusste, was er zu tun hatte. Aber hier stellte er deshalb die Frage, weil er den Glauben von Philippus auf die Probe stellen wollte.

VERFOLGE DIE LINIEN UND FINDE HERAUS, WAS PHILIPPUS ANTWORTETE!

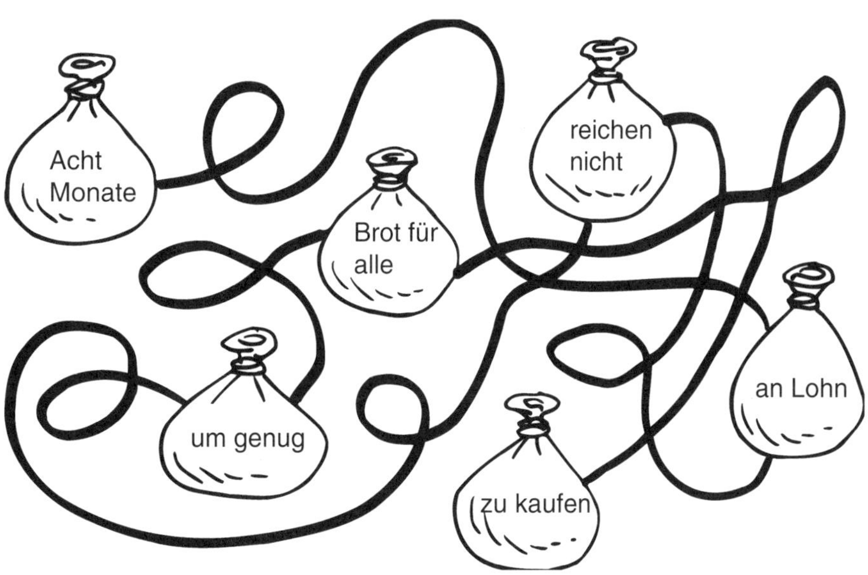

Antwort: ____

Dann sagte Andreas, der Bruder von Simon Petrus:

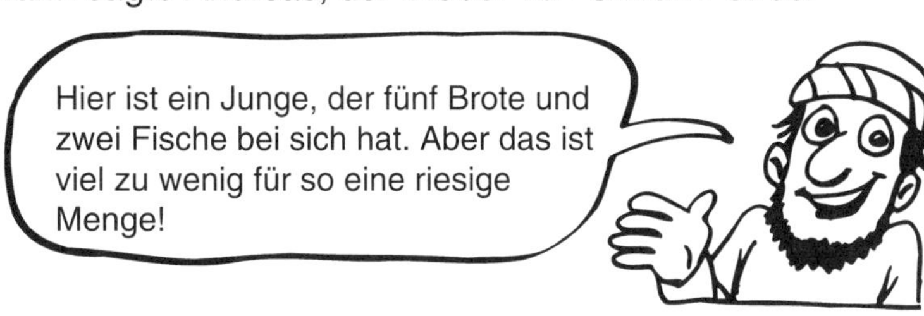

Aber Jesus hatte ganz andere Vor-stellungen. Alle sollte sich ins Gras setzen - über 5000 Menschen! Dann nahm Jesus das Brot, dankte Gott dafür und teilte es aus. Dasselbe tat er auch mit den Fischen. Später sammelten sie die übriggebliebenen Brotbrocken wieder ein.

LÖSE DAS RÄTSEL! DIE MARKIERTE SPALTE VERRÄT DIR DANN, WIE VIELE KÖRBE NOCH MIT DEN RESTEN GEFÜLLT WERDEN KONNTEN. (Ä=AE; Ü=UE)

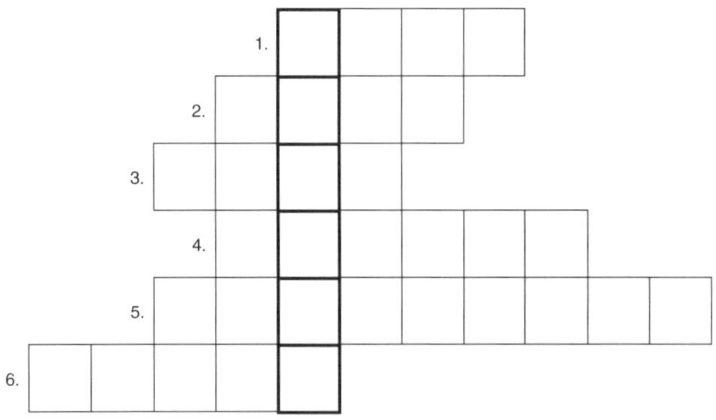

1. Wie viele Fische hatte der Junge mitgebracht?
2. Was niemals zu Ende geht, dauert ...
3. Ein Nahrungsmittel, das Jesus austeilte.
4. Wessen Bruder war Andreas?
5. Das Meer, das Jesus überquerte, lag in ...
6. Wie viele Brote hatte der Junge bei sich?

Und, Annika, weißt du es? Als die Menschen dieses Wunder sahen, sagten sie:

W_rkl_ch, _r _st d_r Pr_ph_t, _ _f d_n w_r sch_n l_ng_ g_w_rt_t h_b_n! **ERGÄNZE DIE FEHLENDEN VOKALE A, E, I, O UND U!**

Die Menschen wollten Jesus festhalten und ihn zu ihrem König machen. Aber Jesus lief noch höher in die Berge um dort allein zu sein.

JESUS GEHT AUF DEM WASSER

An diesem Abend liefen die Jünger an das Seeufer, um auf Jesus zu warten. Bald wurde es dunkel. So entschlossen sie sich, ins Boot zu steigen und den See in Richtung Kapemaum zu überqueren.

KANNST DU DIE SECHS FISCHE FINDEN?

Als sie ans andere Ufer ruderten, kam ein großer Sturm auf. Die Wellen schlugen sehr hoch. Plötzlich geschah etwas seltsames: Jesus kam auf sie zu - er lief auf dem Wasser!

Da bekamen die Jünger Angst. Aber Jesus rief ihnen zu: „Ich bin es. Fürchtet euch nicht!“ Wie froh waren die Jünger, als sie ihn erkannten! Er kletterte in das Boot und bald erreichten sie das Ziel.

WELCHES TIER IST HIER NOCH ZU SEHEN?

KANNST DU EINE MÖWE FINDEN, DIE VOR DEM STURM SCHUTZ GESUCHT HAT?

JESUS, DAS BROT DES LEBENS

Viele Menschen kamen zu Jesus. Auf dieser Seite kannst du etwas von dem erfahren, was er ihnen sagte.

ALS RICHTIGER BIBEL-DETEKTIV FÄLLT ES DIR BESTIMMT NICHT SCHWER DIE LÜCKEN ZU FÜLLEN! (Ä = AE, Ö = OE, Ü = UE)

Ich bin das __ __ __ __ des __ __ __ __ __ __. Keiner, der zu mir kommt, wird jemals wieder __ __ __ __ __ __ leiden, und niemand, der an mich glaubt, wird jemals wieder __ __ __ __ __ haben.

Alle Menschen, die mir der __ __ __ __ __ gibt, werden zu mir kommen. Keinen von ihnen werde ich wieder __ __ __ __ __ __ __ __ __ __ __ __ __ __ __ .

Nach dem Willen meines Vaters wird __ __ __ __ __, der den Sohn sieht und an ihn __ __ __ __ __ __ __, für immer __ __ __ __ __.

Einige Leute, die Jesus nachfolgten, fanden das, was Jesus sagte, zu schwierig. Sie wollten ihm nicht weiter nachfolgen. Da fragte Jesus seine Jünger, ob sie ihn auch verlassen wollten. Was sagte Petrus?

BENUTZE DIE COMPUTERTASTATUR VON KLICK UM DEN ZAHLENCODE ZU KNACKEN! HINTER JEDER ZAHL STEHT EIN BUCHSTABE.

Q	W	E	R	T	Y	U	I	O	P
1	2	3	4	5	6	7	8	9	10
A	S	D	F	G	H	J	K	L	
11	12	13	14	15	16	17	18	19	
Z	X	C	V	B	N	M	,	.	
20	21	22	23	24	25	26	27	28	

16,3,4,4 20,7 2,3,26 12,9,19,19,3,25

2,8,4 13,3,25,25 15,3,16,3,25 ?

25,7,4 13,3,8,25,3 2,9,4,5,3

24,4,8,25,15,3,25 3,2,8,15,3,12 19,3,24,3,25. 2,8,4 15,19,11,7,24,3,25

7,25,13 16,11,24,3,25 3,4,18,11,25,25,5 13,11,12,12 13,7 13,3,4

12,9,16,25 15,9,5,5,3,12 24,8,12,5!

JESUS UND SEINE BRÜDER

Annika, wusstest du, dass Jesus auch Brüder hatte? Aber keiner von ihnen glaubte an ihn. Als das jüdische Laubhüttenfest gefeiert wurde, drängten sie Jesus, mit nach Judäa zu kommen. Aber er wollte nicht mitkommen, denn die Anführer der Juden schmiedeten gerade Pläne, wie sie Jesus umbringen könnten.

Peter, lass uns doch herausfinden, was die Brüder von Jesus zu ihm sagten! Klick schickt gerade eine E-Mail mit der Bibelstelle an alle Bibel-Detektive. Bevor du das folgende Rätsel löst, kannst du die Geschichte selbst in deiner Bibel nachlesen! Wenn du keine eigene Bibel hast, findest du bestimmt jemanden, der dir eine borgen kann. Dann ist es sicher auch leicht, die fehlenden Buchstaben in der Sprechblase zu ergänzen.

W_ _n d_ sch_n W_ n-
_er v_ll_ring_t, _ _nn
ze _ge s_ _ _ _ch v_r
a_ _er W__t !
(Johannes 7,4)

Du kannst doch nicht bekannt werden, wenn du nur im Verborgenen handelst!

UM ZU ERMITTELN, WAS SEINE BRÜDER SAGTEN, ERGÄNZE DEN LÜCKENTEXT MIT DEN FOLGENDEN WORTEN!

aller schon Wenn vollbringst
dann Wunder zeige du vor Welt!
sie

So dachten seine Brüder, weil sie nicht an Jesus glaubten.

Jesus ließ sich aber nicht zu irgend etwas drängen. Er erklärte seinen Brüdern, dass für ihn noch nicht der richtige Zeitpunkt gekommen sei um loszugehen. „Im Gegensatz zu mir könnt ihr zu jeder Zeit gehen, wohin ihr wollt. Niemand wird euch etwas tun.“
Was sagte er ihnen noch?

SORTIERE DIE WORTE IN DIE BILDERRAHMEN EIN! DIE VERSCHIEDENEN RAHMEN HELFEN DIR.

_ _ e _ e _ t

_ a _ n _ _ c _ _ i _ _ _

_ a _ _ en, _ b _ _ _ _ _ h

_ _ _ s t _ ie, _ _ _ l _ _ h

i _ _ _ a _ _.

_ _ e _ _ _ d _ _

u _ _ _ _ s _

_ _ e _ s _.

wie sündig

hassen, aber mich

Die Welt

sie ist.

kann euch nicht

und böse

hasst sie, weil ich

ihr sage,

JESUS PREDIGT IM TEMPEL

Nachdem die Brüder von Jesus weggegangen waren, ging auch er heimlich zum Laubhüttenfest. Die Anführer der Juden versuchten ihn während dieser Zeit zu finden. Überall fragten sie, ob jemand ihn gesehen hätte!

KANNST DU DIR DENKEN, WAS DIE MENSCHEN ÜBER JESUS SAGTEN? HIER GIBT ES EIN BILDERRÄTSEL UM DAS ZU ERMITTELN ... (Ü=UE)

Einige sagten

andere meinten:

Aber Peter, keiner hätte doch öffentlich etwas über Jesus gesagt: Sie fürchteten mit den Führern des Volkes Ärger zu bekommen.
Schau, Annika, während des Festes ging Jesus in den Tempel und begann zu predigen.

Das war wirklich eine Überraschung für die Anführer der Juden! Du siehst, Peter, Jesus wusste eine ganze Menge. Aber die Schriftgelehrten konnten nicht verstehen, wieso Jesus so viel aus der Bibel erklären konnte. Denn er hatte ja nicht so wie sie die Schriften studiert.

Jesus sagte ihnen: „Das, was ich euch lehre, sind nicht meine eigenen Worte. Es sind die Worte Gottes.“ Er warf ihnen vor Pläne über seinen Tod zu schmieden.

Was sagten einige Menschen in Jerusalem über Jesus?

ENTWIRRE DAS BUCHSTABENKNÄUEL. FANGE BEIM PFEIL AN UND SCHREIBE DIE WORTE IN DIE DAFÜR VORGESEHENEN LÜCKEN. ABER ACHTUNG! DIE WORTE SIND AUCH MIT ANDEREN BUCHSTABEN DURCHMISCHT. SCHREIBE AUCH DIESE „FALSCHEN“ BUCHSTABEN NACHEINANDER AUF, UND DU ERFÄHRST, WIE SICH JESUS SELBST OFT GENANNT HAT.

MIsternichtedernMannsdensiectötenhwollen?eHierredeteröffentlichunndsiesagenkeinsWortzuihm.Kannesosein,dassunserehFührerwissen,dasserwirklichnderMessiasist?

_ _ _   _ _

_ _ _ _ _   _ _ _   _ _ _ _,

_ _ _   _ _ _   _ _ _ _ _   _ _ _ _

_ _?   _ _ _ _   _ _ _ _ _

_ _   _ _ _ _ _ _ _ _ _ _   _ _ _

_ _ _   _ _ _ _ _   _ _ _ _   _ _ _ _

_ _   _ _ _.   _ _ _ _   _ _   _ _ _ _,

_ _ _ _   _ _ _ _ _ _   _ _ _ _ _ _

_ _ _ _ _ _,   _ _ _ _   _ _

_ _ _ _ _ _ _ _   _ _ _

_ _ _ _ _ _ _   _ _ _?

Lösungswort _ _ _ _ _ _ _ _ _ _ _ _

Aber wie konnte denn Jesus wirklich der Sohn Gottes sein? Die Menschen wussten ja, dass Jesus aus einer ganz normalen Familie in Nazareth kam. Sie glaubten zwar, dass bald ein Messias kommen würde. Aber seine Herkunft, so dachten sie, kann doch niemand wissen!

IN DEN SPIRALEN KANNST DU LESEN, WAS JESUS SAGTE. SCHREIBE DIESE WORTE AUF! NOTIERE ZUSÄTZLICH AUCH DIE FETTGEDRUCKTEN BUCHSTABEN UND SCHREIBE SIE DER REIHE NACH IN DIE LÜCKEN. DREI BUCHSTABEN SIND BEREITS EINGETRAGEN. DIE LÖSUNGSWORTE VERRATEN DIR, WAS DIE ANFÜHRER DER JUDEN GEGEN JESUS UNTERNEHMEN WOLLTEN.

Ja, ihr kennt mich und wisst, woher ich komme. Aber der mir den Auftrag gegeben hat, den kennt ihr nicht. Er ist die Wahrheit. Ich kenne ihn, weil ich von ihm herkomme. Er hat mich zu euch geschickt.

Antwort: _ h_/_ _ _ _ p _ _ _ _n

Jesus sprach auch noch über viele andere Dinge, die für die Menschen damals ziemlich unverständlich waren.

Was dachten die Menschen, würde Jesus tun?
REIHE DIE FETTGERUCKTEN BUCHSTABEN ANEINANDER UND DU WEISST ES.

Ich bleibe nur noch kurze Zeit bei euch. Danach kehre ich zu dem zurück, der mich gesandt hat. Ihr werdet mich überall suchen, aber nicht mehr finden. Wo ich dann sein werde, dahin könnt ihr nicht kommen.

Antwort: D_s/L _ n _/v _ _ l _ss_ _

DAS ALSO SAGTE JESUS. WAS ER MIT DEM „LEBENDIGEN WASSER" MEINTE, ERFÄHRST DU, WENN DU DIE FETTGEDRUCKTEN BUCHSTABEN IN DIE LÜCKEN SCHREIBST!

Wer Durst hat, der soll zu mir kommen und trinken! Wer an mich glaubt, wird erfahren, was die Bibel sagt: Wie ein Strom wird lebendiges Wasser aus ihm fließen.

Antwort: H_ _ _ _ _ _r/G_ _ _ t

Die Menschen wussten nicht, wer Jesus war. Einige dachten, er ist der Messias, andere stritten das ab. Die Tempelpolizei wollte Jesus gefangen nehmen, aber sie wagten es nicht. Sie sagten: „Wir haben noch nie jemanden gehört, der so redet wie dieser Mann!"

JESUS HEILT EINEN BLINDEN MENSCHEN

Annika und ich lesen gerade eine andere Geschichte über Jesus.
Eines Tages, als er wieder unterwegs war, sah er einen Mann, der von Geburt an blind war. Die Jünger dachten wahrscheinlich, er sei blind, weil seine Eltern gesündigt hatten. Das war damals eine übliche Vorstellung.

Ja, Peter, das dachten sie wirklich. Aber Jesus klärte diesen Irrtum auf. Er sagte, dieser Mann sei blind, damit an ihm die Herrlichkeit Gottes sichtbar werden kann. **UM DEM WEITEREN GESCHEHEN AUF DIE SPUR ZU KOMMEN, VERVOLLSTÄNDIGE DEN LÜCKENTEXT! DIE WORTE FINDEST DU, INDEM DU JEWEILS DIE ANFANGSBUCHSTABEN DER ABGEBILDETEN DINGE AUFSCHREIBST.**

Jesus _ _ _ _ _ _ _ auf den Boden und machte aus seinem Speichel und der Erde einen Brei.

Dann strich er den _ _ _ _ über die Augen den blinden Mannes.

Anschließend schickte Jesus den Blinden zum Teich _ _ _ _ _ _. Dort sollte der Mann sich waschen.

KANNST DU DEM BLINDEN HELFEN, DEN WEG ZUM TEICH ZU FINDEN?

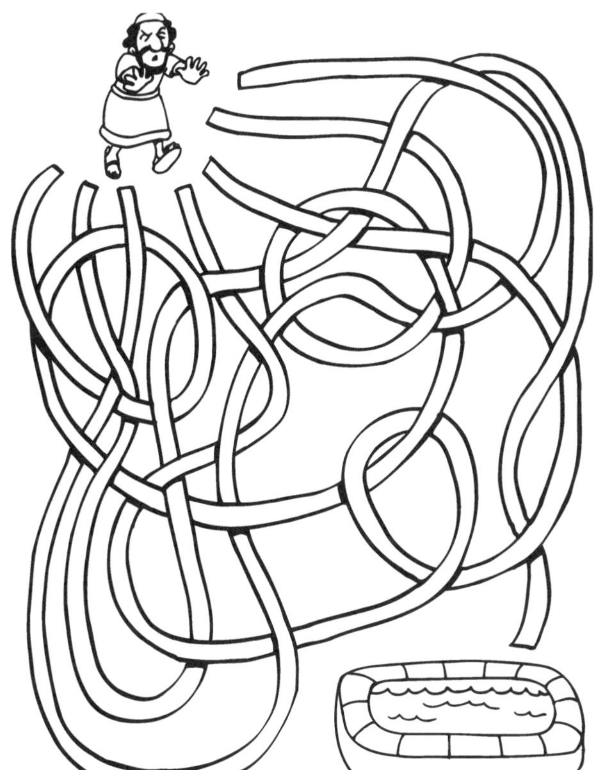

Der Mann ging und wusch sich im Teich und da konnte er wieder sehen! Alle, die den Blinden kannten, fragten erstaunt: „Ist er es wirklich?“ Sie waren überzeugt, dass er es war und erzählten weiter, was sie gesehen hatten. Und sie nahmen den Mann mit zu den Pharisäern ...
Was passierte dann?

Einige sagten:

Diesen Jesus kann Gott nicht geschickt haben, denn er arbeitet am Sabbat!

Der geheilte Mann sagte:

Seine Eltern meinten ...

Der Mann erklärte ...

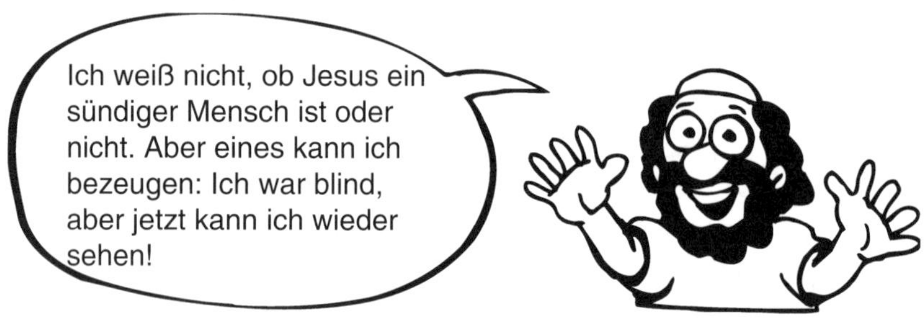

Die Pharisäer waren wütend und verfluchten den Mann. Sie sagten:

Da wurden die Pharisäer noch böser und sie warfen den geheilten Mann aus dem Tempel. Dieser aber glaubte trotzdem an Jesus und verehrte ihn.

DER GUTE HIRTE

Annika und ich haben herausgefunden, dass Jesus sehr oft Bilder verwendete um zu beschreiben, wer er war.

Das ist richtig! Im Johannes-Evangelium haben wir entdeckt, dass sich Jesus Hirte nannte. Die Menschen, die ihm nachfolgen, bezeichnete er als seine Schafe. Klick hat uns einige Informationen aus der Bibel geschickt.

KANNST DU DIE TEXTE DEM RICHTIGEN TEIL DES BILDES ZUORDNEN?

1. Der Mann, der sich von hinten in den Stall schleicht und über die Mauer klettert, anstatt durch das Tor zu gehen, ist ein Dieb und Räuber.

2. Der Hirte geht durch das Tor und der Torhüter öffnet ihm.

3. Die Schafe hören auf die Stimme des Hirten und kommen zu ihm. Jedes einzelne Schaf nennt er beim Namen und es folgt ihm.

So, wie du auf dem Bild sehen kannst, gibt es hier keinen Schäferhund, aber gefährliche Wölfe, die den Schafen auflauern! Dann ruft der Hirte seine Schafe, und die, die seine Stimme kennen, folgen ihm einfach!
Klick hat uns noch eine Information geschickt ...

Wenn der Hirte seine Herde um sich gesammelt hat, läuft er ihr voraus. Die Schafe folgen dem Hirten, weil sie seine Stimme kennen. Aber vor einem Fremden werden sie ausreißen, weil sie seine Stimme nicht kennen. (nach Johannes 10, 4.5)

Der gute Hirte riskiert sein Leben für die Schafe. Wenn aber jemand, der die Herde nur für Geld hütet, einen Wolf kommen sieht, rennt er weg. Er kümmert sich nicht um die Schafe. In diesem Fall wird der Wolf in den Stall kommen und die Schafe vertreiben.

Jesus sagte: „Ich kenne meine Schafe und sie kennen mich - genauso, wie mich mein Vater kennt und ich den Vater kenne. Ich gebe mein Leben für die Schafe.“

Ich habe auch noch andere Schafe, die nicht zu dieser Herde gehören. Auch sie werde ich herführen. Sie werden auf meine Stimme hören. Dann wird es nur noch eine einzige, große Herde geben. Ich werde ihr Hirte sein.

Aber was meint Jesus mit diesen Worten, Annika?

Also, Peter, das ist so: Ein guter Hirte würde sogar sterben nur um seine Schafe vor dem Wolf zu schützen. Aber Jesus ist noch viel größer! Er wird guter Hirte genannt, weil er bereitwillig sein Leben gab um uns von unseren Sünden zu befreien. Wenn wir ihn lieben und ihm folgen, gehören wir zu ihm. Dann sind wir Schafe in seiner Herde. Es gibt aber auch viele Menschen, die noch nichts von Jesus gehört haben. Auch sie will Jesus zu seiner Herde führen. Wir alle können einen kleinen Teil zu Gottes großem Plan beitragen: die gute Nachricht von Jesus Christus allen Menschen weitersagen. Vielleicht sagt dir Gott ja eines Tages, dass du ein Prediger oder ein Missionar werden sollst ... Aber vielleicht gebraucht er dich auch dazu, deine Familie und deine Freunde mit Jesus bekannt zu machen. Er kann uns zu jeder Zeit, an jedem Ort gebrauchen. Wir müssen nur unser Leben Gott ganz zur Verfügung stellen und ihn im Namen von Jesus bitten, uns unsere Schuld zu vergeben.

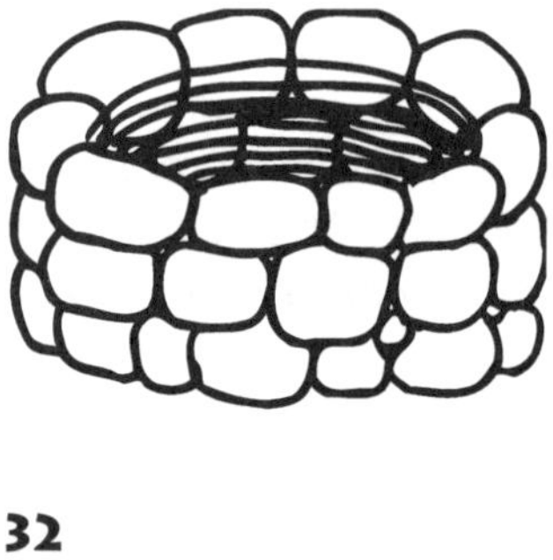

LAZARUS WIRD WIEDER LEBENDIG

Schau dir das an, Peter - wir haben noch einen Bibeltext von Klick erhalten! Er hat die Geschichte im 11. Kapitel des Johannes-Evangeliums gefunden. Lass uns den Fall untersuchen! Auf dem Rand der Schriftrolle sind zwei Namen verschlüsselt, die sich Jesus selbst gegeben hat.

WENN DU DIE ANFANGSBUCHSTABEN DER EINZELNEN DINGE AUFSCHREIBST, FINDEST DU ES BESTIMMT SCHNELL HERAUS!

Ein Freund von Jesus war krank. Er hieß Lazarus und lebte mit seinen Schwestern Martha und Maria in einem Dorf namens Bethanien. Die Schwestern waren sehr verzweifelt. Deshalb schickten sie einen Boten zu Jesus, der ihm ausrichten sollte: „Dein Freund, den du lieb hast, ist sehr krank."

Als Jesus diese Nachricht hörte, sagte er: „Lazarus wird nicht sterben. Durch ihn soll Gott groß gemacht werden. Und ich, der Sohn Gottes, werde von Gott Herrlichkeit erhalten."

Obwohl Jesus Lazarus und seine Schwestern lieb hatte, blieb er noch zwei Tage dort, wo er sich gerade aufhielt. Dann sagte er zu seinen Jüngern: „Lasst uns zurück nach Judäa gehen!"

Die Jünger waren überrascht. „Aber Meister", sagten sie, „es ist nur ein paar Tage her, dass dich die Anführer der Juden töten wollten, und jetzt willst du dorthin zurückgehen?"

Da sagte Jesus zu ihnen: „Mein Freund Lazarus ist eingeschlafen. Jetzt will ich hingehen und ihn wieder aufwecken."

Die Jünger sprachen zu Jesus: „Wenn er schläft, dann wird es ihm ja bald wieder besser gehen." Sie hatten nicht verstanden, dass Jesus mit diesen Worten meinte, dass Lazarus schon gestorben war. So sagte er es ihnen noch einmal ganz deutlich: „Lazarus ist tot. Kommt, lasst uns zu ihm gehen!"

Da sprach Thomas zu den anderen Jüngern: „Dann lasst uns mit Jesus gehen - und mit ihm sterben!"

Als Jesus in Bethanien ankam, war Lazarus schon vier Tage tot. Viele Menschen waren gekommen, um Maria und Martha zu trösten. Als Martha hörte, dass Jesus kam, lief sie ihm entgegen. „Herr, wenn du eher hier gewesen wärst, dann wäre Lazarus nicht gestorben! Aber auch jetzt weiß ich, dass Gott dir gibt, worum du ihn bittest! Jesus sagte zu ihr: „Dein Bruder wird wieder auferstehen!", aber Martha dachte, er meinte damit, dass Lazarus am Tag der Auferstehung wieder auferweckt wird. Jesus sagte: „Ich bin die Auferstehung und das Leben. Wer an mich glaubt, wird leben, auch wenn er stirbt. Glaubst du das, Martha?"

„Ja, Herr", antwortete sie. „Ich habe schon immer daran geglaubt, dass du der Sohn Gottes bist, der auf diese Welt gekommen ist." Dann lief Martha zu Maria. „Maria!", rief sie, „der Meister ist hier und möchte dich sehen!"

Maria kam herbeigeeilt. Die Menschen dachten aber, dass sie zum Grab ging um dort zu weinen. So folgten sie ihr. Maria sah Jesus an und sagte: „Herr, wenn du hier gewesen wärst, wäre mein Bruder nicht gestorben!"

Als Jesus Maria und die anderen weinen sah, war er tief bewegt und gleichzeitig sehr wütend. „Wo habt ihr ihn hingelegt?", fragte er.

„Komm und sieh", sagten sie ihm. Da weinte Jesus. Die Menschen, die bei ihm standen, sagten: „Seht doch, wie lieb er ihn hatte." Aber einige meinten: „Er hat Blinden die Augen geöffnet. Kann er dann nicht auch diesen Mann vom Tod auferwecken?"

Sie kamen zum Felsengrab. Vor den Eingang war ein großer Stein gerollt. „Schiebt ihn beiseite!", sagte Jesus. Maria war erschrocken: „Aber Herr, der Geruch wird unerträglich sein!" Aber Jesus antwortete: „Habe ich euch nicht gesagt, dass ihr die Herrlichkeit Gottes sehen werdet, wenn ihr nur glaubt?" Da rollten sie den Stein beiseite. Jesus betete: „Vater, danke, dass du mich hörst. Ich weiß, dass du zu jeder Zeit mein Gebet erhörst. Aber jetzt bete ich wegen der Menschen, die um mich stehen. Sie sollen glauben, dass du mich gesandt hast."

Dann rief Jesus:

_ _ _ _ _ _ _, _ _ _ _ _ _ _ _ _ _ !

Da kam Lazarus, ganz in Grabtücher eingewickelt; auch sein Gesicht war mit einem Tuch verhüllt. Und Jesus sagte zu den Menschen:

„Bindet die Tücher los und lasst ihn gehen!"

UM HERAUSZUFINDEN, WAS JESUS GESAGT HAT, LIES DEN SATZ RÜCKWÄRTS! AUCH EIN SPIEGEL KANN DICH BEI DEN ERMITTLUNGEN UNTERSTÜTZEN ...

Das war die ganze Geschichte. Jetzt ist es Zeit den Text noch ein bisschen tiefer zu erforschen.

KLICK HAT EIN KREUZWORTRÄTSEL FÜR UNS ENTDECKT. NIMM DIR ZEIT DAFÜR! SCHLAG NUR DANN IM LÖSUNGSTEIL NACH, WENN DU WIRKLICH NICHT MEHR WEITERKOMMST! ES SIND AUCH EINIGE ALLGEMEINE FRAGEN ZU LÖSEN.

WAAGERECHT

3. Nur ... konnte Lazarus wieder auferwecken.
5. Jesus hatte hier ein großes ... getan.
7. Jesus sagt, dass er die ... ist.
10. Gott sollte durch Lazarus groß gemacht werden und ... erhalten.
11. Bevor Lazarus starb, war er ...
15. Ein Tier, dass mit dem Pferd verwandt ist, aber längere Ohren hat.
16. Das Grab des Lazarus war in einen ... gehauen.
18. Ein ... erzählte Jesus, dass Lazarus im Sterben lag.
20. In diesem Ort lebte Lazarus.
21. Darin war Lazarus eingewickelt.
23. Johannes der Täufer wollte, dass Jesus ... gemacht wird.
25. Das erwartete Jesus von Maria und den anderen.
26. Sie ist eine Tochter der Mutter von Lazarus.
27. Das tat auch Jesus, als er am Grab stand.
28. Das empfanden die Menschen am Grab.

SENKRECHT

1. Lazarus ist der ... von Maria.
2. So viele Tage war Lazarus schon tot.
4. Martha ist die ... von Lazarus.
6. Ein anderes Wort für Lüge.
8. Jesus hatte Lazarus sehr ...
9. Jesus sagt: „Wer an mich glaubt, wird ...!"
12. Mit diesem Körperteil kann man riechen.
13. Dieser wurde vom Grabeingang weggerollt.
14. Jesus dankte seinem Vater, dass er ihn zu jeder ... hört.
17. Jesus möchte Menschen, die ihm ...
18. Das tat Jesus vor dem Grab.
19. Sie war die Schwester von Maria.
22. ... Menschen kamen um Martha und Maria zu trösten.
24. Bevor Jesus Lazarus befahl, herauszukommen, hat er zu Gott ein ... gesprochen.

(Ä = AE, Ü = UE, Ö = OE)

Lazarus war auferstanden und gesund! Viele Menschen hatten das miterlebt und glaubten deshalb an Jesus.

Aber einige erzählten es auch den Pharisäern. Diese planten ein Treffen mit den obersten Priestern um mit ihnen zu besprechen, was jetzt zu tun sei.

BENUTZE DIE BEIDEN UHREN UM HERAUSZUFINDEN, WAS SIE SAGTEN!

22 12 18   18 14 11 11 4 13   22 8 17   1 11 14 18 18   19 20 13 ?

3 8 4 18 4 17   24 12 13 13   7 8 4 17   21 14 11 11 1 17 8 13 6 19   21 8 4 11 4

23 4 8 2 7 4 13   20 13 3   22 20 13 3 4 17 .

22 4 13 13   22 8 17   13 8 2 7 19 18   6 4 6 4 13   8 7 13   20 13 19 4 17 13 4 7

24 4 13 ,   22 4 17 3 4 13   1 12 11 3   12 11 11 4   12 13   8 7 13

6 11 12 20 1 4 13 !

_ _ _   _ _ _ _ _ _   _ _ _   _ _ _ _ _   _ _ _ ?

_ _ _ _ _ _   _ _ _ _   _ _ _ _   _ _ _ _ _ _ _ _ _ _   _ _ _ _ _

_ _ _ _ _ _ _   _ _ _   _ _ _ _ _ _ .

_ _ _ _   _ _ _   _ _ _ _ _ _   _ _ _ _ _   _ _ _   _ _ _ _ _ _ _ _

_ _ _ ,   _ _ _ _ _ _   _ _ _ _   _ _ _ _   _ _   _ _ _

_ _ _ _ _ _ _ !

Die Pharisäer wurden sehr zornig! Sie hatten Angst, dass dann die römische Besatzungsmacht kommen würde um ihren Tempel und ihr ganzes Volk zu zerstören.

Der Hohenpriester Kaiphas hatte bereits einen anderen Plan ...

ENTSCHLÜSSELE AUCH DIESEN UHRZEIT-CODE, UND DU WEISST, WAS KAIPHAS GESAGT HAT! (Ä = AE, Ö = OE, Ü = UE)

3 12 18   8 18 19   3 14 2 7   6 12 13 23   4 8 13 5 12 2 7 (!)

4 17 10 4 13 13 19   8 7 17   3 4 13 13   13 8 2 7 19 (,)   3 12 18 18

4 18   1 4 18 18 4 17   5 20 4 17   20 13 18   8 18 19 (,)   22 4 13 13

4 8 13 4 17   5 20 4 17   3 12 18   21 14 11 10   18 19 8 17 1 19 (,)

12 11 18   3 12 18 18   4 8 13   6 12 13 23 4 18   21 14 11 10

23 20 6 17 20 13 3 4   6 4 7 19 (?)

_ _ _   _ _ _   _ _ _ _   _ _ _ _   _ _ _ _ _ _ _

_ _ _ _ _ _ _   _ _ _   _ _ _ _   _ _ _ _ _   _ _ _ _

_ _   _ _ _ _ _ _   _ _ _ _   _ _ _   _ _ _ ,   _ _ _ _

_ _ _ _ _   _ _ _ _   _ _ _   _ _ _ _   _ _ _ _ _ _ ,

_ _ _   _ _ _ _   _ _ _   _ _ _ _ _ _ _   _ _ _ _

_ _ _ _ _ _ _ _   _ _ _ _ ?

Das hat Kaiphas nicht zufällig gesagt! Er wurde von Gott dazu gebraucht diese Worte auszusprechen. Es war eine alte Prophezeiung: Jesus sollte nicht nur für Israel sterben, sondern für Menschen aus der ganzen Welt. Er sollte sie so zu Gottes Kindern machen.

Weil sein Tod schon beschlossen war, vermied Jesus es von nun an, sich in der Öffentlichkeit zu zeigen. Er ging mit seinen Jüngern nach Ephraim. Das war ein Dorf am Rand der Wüste.

JESUS WIRD IN BETHANIEN GESALBT

WIR BEFINDEN UNS JETZT IM 12. KAPITEL DES JOHANNES-EVANGELIUMS. ES WAREN NOCH SECHS TAGE BIS ZUM BEGINN DES PASSAHFESTES. JESUS HIELT SICH GERADE IN BETHANIEN AUF, WO AUCH LAZARUS LEBTE. WAS PASSIERTE ALS NÄCHSTES?

ENTSCHLÜSSELE DIE UNTEN STEHENDEN BILDZEICHEN UM HERAUSZUBEKOMMEN, WIE DER JÜNGER HIESS, DER EIN BETRÜGER WAR!

Extra für Jesus hatte man ein Essen vorbereitet. Martha bediente die Gäste, während Lazarus mit Jesus am Tisch saß. Da nahm Maria ein Gefäß mit kostbarstem Öl. Damit salbte sie Jesus die Füße und trocknete sie anschließend mit ihren Haaren. Bald war das ganze Haus von dem Duft des Öls erfüllt.

Da sagte Judas Ischarioth: „Das Öl kostet doch ein Vermögen! Warum hat sie es nicht verkauft und das Geld den Armen gegeben?“ Das sagte er aber nicht, weil er sich sehr für die Armen einsetzte. Er war nämlich ein Betrüger. Sehr oft nahm er sich Geld aus der gemeinsamen Kasse.

Jesus sagte: „Lass die Frau in Ruhe! Sie hat das in Vorbereitung auf mein Begräbnis getan. Ihr werdet stets Arme um euch haben, aber ich werde nicht immer bei euch sein.“

Viele Juden hörten, dass Jesus in Bethanien war. Sie strömten zusammen, um ihn und auch Lazarus zu sehen. Da beschlossen die führenden Priester auch Lazarus zu töten. Denn viele Menschen glaubten nur wegen seiner Auferstehung an Jesus.

___ ___ ___ ___ ___   ___ ___ ___ ___ ___ ___ ___ ___ ___ ___

JOHANNES 12

SCHAU DIR DEN BUCHSTABENBAUM AUF DIESER SEITE AN! ZU JEDEM BUCHSTABEN DES ALPHABETS GIBT ES EINE FRAGE.
TIPP: DIE LÖSUNG BEGINNT MIT DEM JEWEILIGEN BUCHSTABEN.
WENN DU GLAUBST DIE RICHTIGE ANTWORT GEFUNDEN ZU HABEN, SCHREIB SIE IN DAS DAFÜR VORGESEHENE BLATT!

A. Diese Menschen, sagt Jesus, werden die Jünger immer um sich haben.
B. Wohnort von Lazarus
C. Anderer Name für Jesus
D. Davon wurde das ganze Haus erfüllt.
E. Das bereitete man zu Ehren von Jesus.
F. Maria trocknete sie.
G. Das hatte ein Jünger gestohlen.
H. Damit wischte Maria das Öl wieder ab.
I. So hieß einer der Jünger mit Zusatznamen.
J. Welcher Jünger war ein Betrüger?
K. Das Öl war so teuer, weil es sehr ... war.
L. Ein guter Freund von Jesus
M. Schwester von Maria
N. Gegenteil von Tag
O. Gut riechende Flüssigkeit, die in dieser Geschichte erwähnt wird.
P. Der Name eines bestimmten jüdischen Festes
Q. Rechteck mit vier gleichlangen Seiten
R. Jesus befahl den Jüngern, Maria in ... zu lassen.
S. Dazu verwendete Maria das Öl.
T. Dort saß Lazarus mit Jesus.
U. Gegenteil von oben
V. Soviel kostete das Öl.
W. Das Dorf Ephraim lag ganz in der Nähe einer sehr trockenen Gegend, die man ... nennt.
X. Ein Musikinstrument aus kleinen, waagerecht liegenden Holz- oder Metallstäben
Y. Eine Gewürzpflanze, die in Südeuropa wächst (sie kommt auch in der Bibel vor, 2. Mose 12,22)
Z. Jesus hatte viele ... und Wunder getan. (s. Seite 36)

JESUS ZIEHT IN JERUSALEM EIN

Einen Tag später verbreitete sich die Nachricht, dass Jesus auf dem Weg nach Jerusalem sei. Eine riesige Menschenmenge lief ihm entgegen. Sie schwenkten Palmenzweige hin und her und riefen ...

DAS IST WIEDER EINE AUFGABE FÜR DICH! FOLGE DEN PFEILEN UND BRING DIE SCHILDER IN DIE RICHTIGE REIHENFOLGE!

Antwort: ____

Jesus ritt auf einem jungen Esel in Jerusalem ein. Damit erfüllte sich wieder eine alte Verheißung.

Aber die Jünger wussten zu diesem Zeitpunkt noch nicht, dass dieses Ereignis schon lange vor der Geburt Jesu vorausgesagt worden war. Erst nach dem Tod von Jesus erkannten sie es.
Weißt du, was sich die Pharisäer untereinander sagten, als sie all das sahen, was hier vor sich ging?

DIE JUDEN GLAUBEN NICHT AN JESUS

Das ist eine aufregende Ermittlung, findest du nicht, Annika?

Ja, aber was ich merkwürdig finde: Obwohl Jesus Zeichen und Wunder getan hat, wollten viele immer noch nicht an ihn glauben! Der Prophet Jesaja sagte lange Zeit vor Jesus voraus, dass die Menschen blind für die Wahrheit sein werden. So können sie mit ihren Herzen die Botschaft von Jesus nicht verstehen.

Aber Annika, einige Menschen glaubten doch an ihn! Sogar einige Führer des Volkes. Aber sie verhielten sich ruhig. Sie hatten nämlich Angst, dass die Pharisäer sie aus der Synagoge werfen.

Jesus sagte: „Wer an mich glaubt, der glaubt auch an den, der mich gesandt hat."

SCHREIB DIE WORTE IN DER RICHTIGEN REIHENFOLGE AUF! SO ERFÄHRST DU, WAS JESUS NOCH SAGTE.

Ich als Licht Welt damit der mich länger der leben

keiner gekommen an bin glaubt Dunkelheit muss. das in in die

JESUS WÄSCHT SEINEN JÜNGERN DIE FÜSSE

Wir befinden uns jetzt im 13. Kapitel.

Es war die Zeit des Passahfestes. Jesus wusste, dass er diese Welt bald verlassen und zurück zu seinem Vater gehen würde.

Aber schau dir das an, Annika!

Es sollte gerade Essen geben, da verführte der Teufel Judas dazu Jesus zu verraten.

Lass uns verfolgen, was passiert war ...

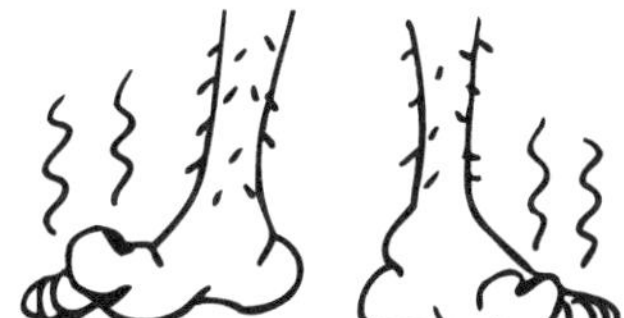

Jesus stand vom Tisch auf, nahm seinen Mantel und band ein Tuch um. Anschließend goss er Wasser in eine Schüssel und wusch den Jüngern die Füße. Dann trocknete er sie mit dem Tuch ab. Das war eigentlich die Arbeit für den niedrigsten Diener im Haus! Deshalb konnte Petrus überhaupt nicht verstehen, warum Jesus das tat. „Nein, Herr, du kannst mir meine Füße nicht waschen!" Aber Jesus antwortete: „Du gehörst nicht zu mir, wenn du dich weigerst dir von mir die Füße waschen zu lassen."

Weißt du, was Petrus darauf sagte?

Jesus antwortete: „Ein Mensch, der ganz sauber ist, braucht nur noch an den Füßen gewaschen zu werden.“ (Damals gingen die Menschen oft in Sandalen, wovon man staubige Füße bekam.) „Ihr seid alle rein, alle - außer einem“, ergänzte Jesus. Er wusste, dass Judas ihn verraten würde. Dann zog er seinen Mantel wieder an und fragte die Jünger: „Habt ihr verstanden, was ich gerade für euch getan habe?“ Er zeigte ihnen, dass ein Diener nicht größer ist als sein Herr. Genauso hat auch ein Bote nicht mehr Bedeutung als der Mensch, der ihn geschickt hat.

Kannst du entziffern, was Jesus noch erzählte? Schau dir zuerst die Bilder an! Füll dann die Lücken aus, indem du die Anfangsbuchstaben der abgebildeten Dinge an den richtigen Stellen einfügst! Die Zahlen in den Klammern verraten dir, wie oft jeder Buchstabe (also jedes Bild) im Text vorkommt.

(13) (28) (17) (4) (5)

__ch h__b__ __ __ch __ __n B__ __sp__ __l g__g__b__n. T__t __ls__ d__s, w__s

__ch __ __ch g__t__n h__b__. __ch s__g__ __ __ch d__e W__rh__ __t: __ __n

D__ __n__r __st n__cht gr__ __ß__r als s__ __n H__rr. W__nn __hr d__s

__rk__nnt h__bt und m__ch zu

__ __r__m V__rb__ld m__cht, w__rd__t __hr v__n G__tt g__s__gn__t. (nach Vers 15-17]

EINER WIRD JESUS VERRATEN

Lange Zeit bevor Jesus auf die Welt gekommen war, wurde im Buch der Psalmen vorausgesagt, dass Jesus einmal verraten wird. Das erzählte Jesus nun seinen Jüngern.

SCHREIBE JEDEN DRITTEN BUCHSTABEN AUS DEM KASTEN NACHEINANDER AUF UND DU ERFÄHRST, WAS JESUS SAGTE! BEGINNE MIT D, LASS DIE NÄCHSTEN BEIDEN BUCHSTABEN AUS, SCHREIB DANN DAS E AUF USW.

DOLEHGRFOMJCIMETAPDZNEFWMTVIWUCLTHBADXUACKSJGBQSRSXOG
RTEDTKWEGNITILZPEQSHNAAZITOCSXVIFGCEBHUJGYAEHLGNTEUSN
DLMVDIBOCRZHNNGKBETMWELERPNFQDAGEYOT

Antwort: ____

Jesus war sehr traurig und sagte zu seinen Jüngern: „Ich sage euch die Wahrheit: Einer von euch wird mich verraten.“ Wie du dir vorstellen kannst, fragten sich die Jünger gegenseitig, wer so etwas wohl tun würde. „Es ist der, dem ich das Brot geben werde, das ich jetzt in die Schüssel eintauche“, antwortete Jesus. Als Judas das Brot genommen hatte, hatte der Teufel ihn in seiner Gewalt.

ERMITTLE NACH DERSELBEN VORGEHENSWEISE WIE OBEN, WAS JESUS SAGTE!

WPVAGMSARDNZUMGTCNUIQNXOWABIWRLOPLDVSRHTJSDBFATFSATTI
LUWDEXOBENASHLMTD

Antwort: ____

EINER WIRD JESUS VERLEUGNEN

Da ging Judas weg. Jesus erzählte seinen Jüngern, dass er bald von Gott verherrlicht werden würde. Jesus könnte nicht mehr lange bei ihnen bleiben. Deshalb gab er ihnen ein neues Gebot.

FOLGE DEN BIENEN VON BLÜTE ZU BLÜTE UND FINDE HERAUS, WAS ER SAGTE!

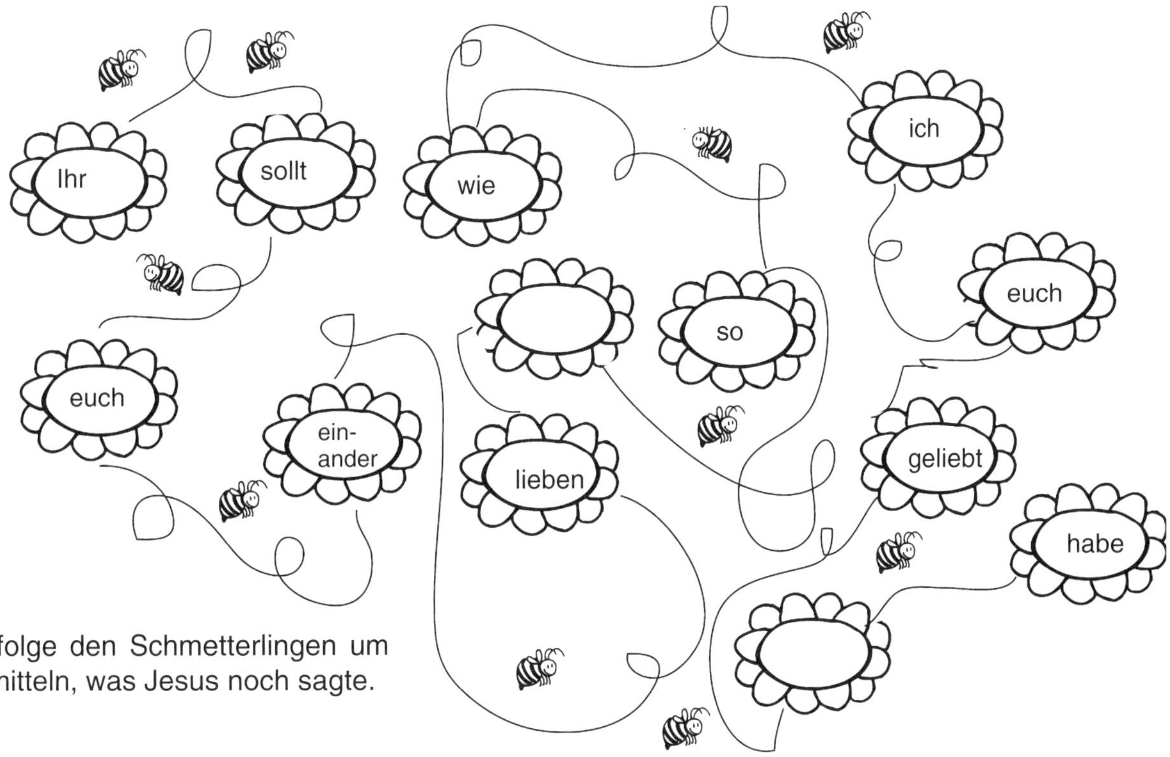

Jetzt folge den Schmetterlingen um zu ermitteln, was Jesus noch sagte.

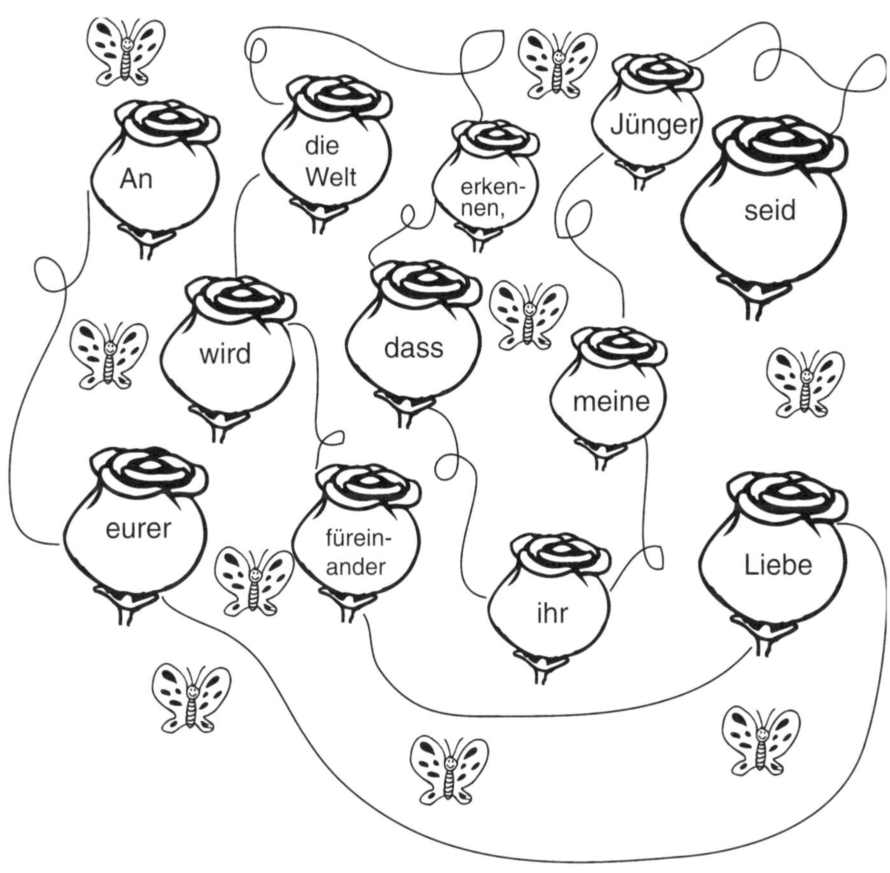

Petrus wollte wissen, wohin Jesus denn gehe. Da antwortete dieser: „Du kannst nicht mikommen. Aber später wirst du mir folgen."

„Aber Herr, warum kann ich dir nicht jetzt schon folgen? Ich würde sogar für dich sterben!", sagte Petrus.

Weißt du, was Jesus darauf antwortete?

„Bevor der Hahn kräht, wirst du dreimal gesagt haben, dass du mich nicht kennst."

JESUS IST DER WEG ZUM VATER

Jesus hatte seine Jünger immer wieder ermutigt, bevor er starb. Klick hat Einiges davon für uns herausgefunden ...

Im Haus meines Vaters gibt es viele Wohnungen. Ich gehe hin um dort alles für euch vorzubereiten. Wenn alles bereit ist, werde ich wiederkommen und euch zu mir holen. Dann werdet ihr auch dort sein, wo ich bin.

Ich bin der Weg, die Wahrheit und das Leben. Ohne mich kann niemand zum Vater kommen. Wer an mich glaubt, wird die gleichen Taten vollbringen wie ich. Ja, sogar noch größere! Was ihr in meinem Namen erbitten werdet, das will ich euch geben.

Wenn ihr mich liebt, werdet ihr so leben, wie ich es euch gesagt habe. Ich werde den Vater bitten, dass er an meiner Stelle jemanden zu euch schicken soll, der euch hilft. Denn ich werde bald nicht mehr bei euch sein. Dann wird der Heilige Geist zu euch kommen und euch nie wieder verlassen. Er wird euch an alles erinnern, was ich euch gesagt habe.

Wer nach meinen Geboten lebt, der liebt mich. Und wer mich liebt, den wird auch mein Vater lieben.

Jesus sagte den Jüngern, dass er ihnen etwas schenken wollte. Beantworte die folgenden Fragen! Die markierte Spalte wird dir dann verraten, was es für ein Geschenk war.
Ü=UE

1. Jemand wird kommen und den Jüngern ...
2. Dann werden seine Nachfolger für ... bei Gott sein.
3. Der Heilige Geist wird uns an die Worte von Jesus ...
4. Der Heilige Geist wird die Jünger niemals ...
5. Jesus sagt: „Ich bin ... Weg."
6. So werden die zwölf Männer genannt, die Jesus ausgewählt hatte.
7. Im himmlischen Haus gibt es viele ...
8. Wer auf Gottes Worte hört, den wird Gott ...
9. Vor seinem Tod hat Jesus seine Jünger immer wieder ...
10. Wenn alles fertig ist, wird Jesus zurückkommen, um die Jünger zu ...
11. Jesus sagt, dass Gott sein ... ist.
12. So hat sich Jesus selbst genannt.
13. Jesus sagte, dass er nicht mehr viel ... haben wird um mit seinen Jüngern zu reden.
14. Die Jünger sollen auf die ... hören, die Jesus ihnen gab.
15. Jesus sagte: „Ich bin der Weg, die Wahrheit und das ..."

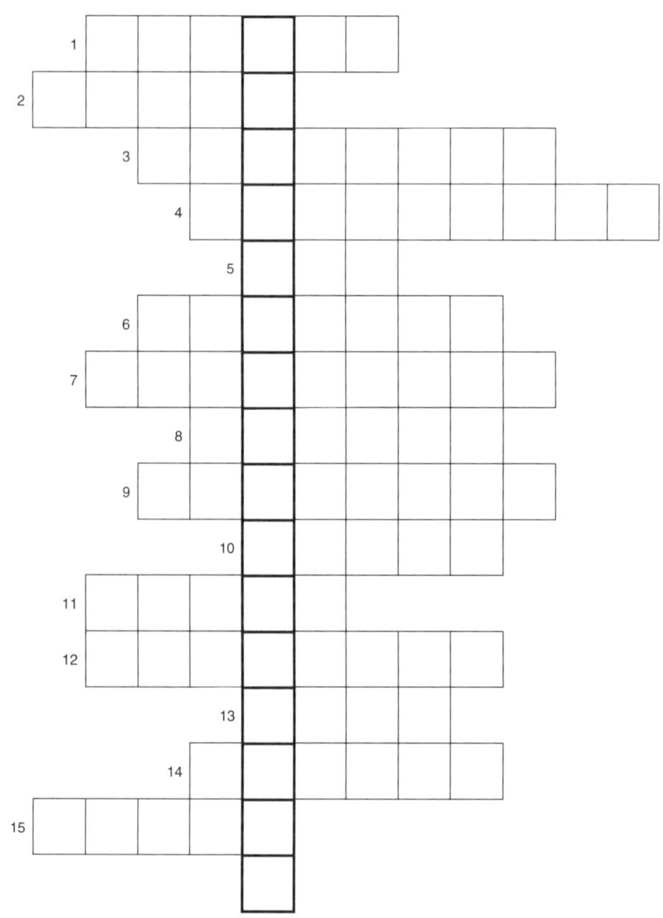

DER WEINSTOCK UND SEINE REBEN

Peter und ich lesen gerade im 15. Kapitel des Johannes-Evangeliums.
Dort benutzt Jesus das Bild von einer Frucht, um etwas zu erklären.
Er sagte, dass seine Nachfolger wie Weintrauben sind. Wer wirklich so lebt, wie Jesus es will, der wird gute Früchte hervorbringen - genauso wie eine Traube am Weinstock.

KANNST DU IN DEN BILDERN AUF DIESER SEITE EINE ENTE, EINE AMEISE, EINEN SCHMETTERLING UND EINE RAUPE ENTDECKEN?

Jesus sagte: „Ich bin der wahre Weinstock und mein Vater ist der Weingärtner. Jeden Zweig, der keine Früchte trägt, schneidet er ab. Er beschneidet die fruchtbaren Triebe, damit sie noch mehr Frucht bringen.

Ich bin der Weinstock und ihr seid die Wein-trauben, die an mir wachsen. Holt euch von mir, dem Weinstock, immer wieder Kraft zum Weiterwachsen. Dann werdet ihr immer mehr und immer größere Trauben hervorbringen. Aber wenn ihr nicht mehr an mir dran bleibt, werdet ihr abfallen und verdorren. Ohne mich könnt ihr nicht leben. Wenn jemand nicht am Weinstock bleiben will, dann ist er eine nutzlose Weintraube. Sie fällt ab und verdorrt. Diese Trauben werden auf einen Haufen geworfen und vernichtet.

Ich habe euch aber berufen gute Früchte hervorzubringen. Wenn ihr mit mir verbunden bleibt, dann wird euch mein Vater das geben, worum ihr ihn in meinem Namen bittet.

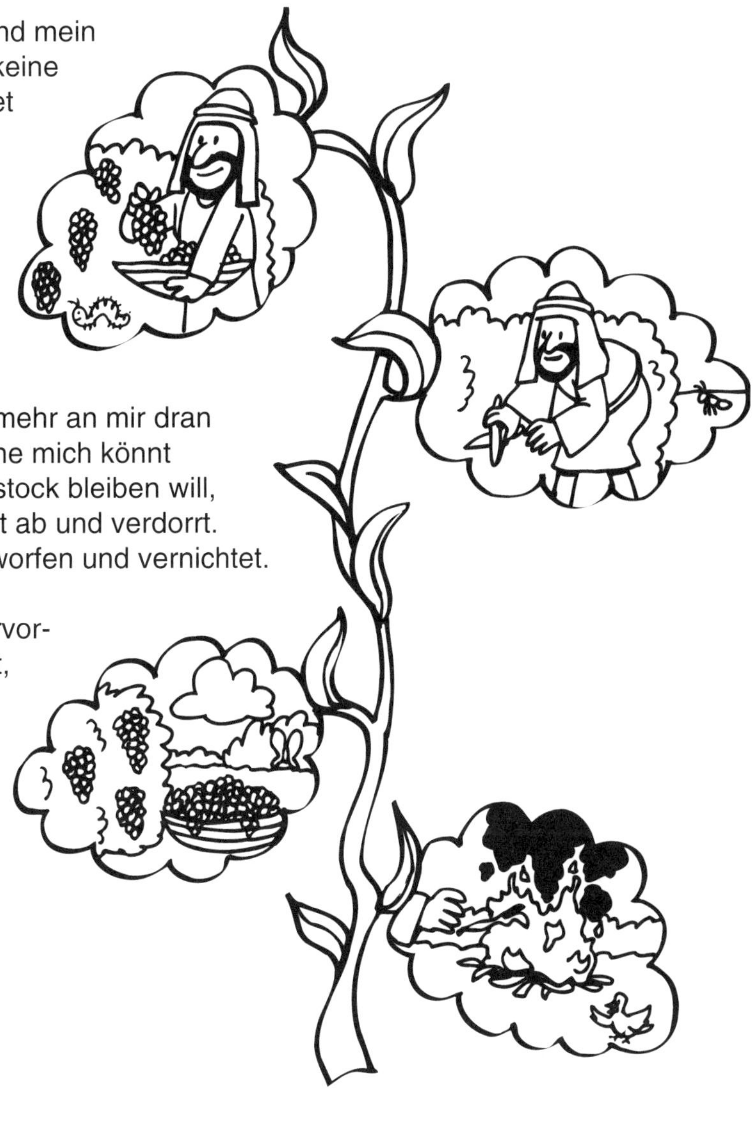

SCHAU DIR DIE GROSSE WEINTRAUBE AN! JETZT ÜBERSPRING ALLE BEEREN MIT DEM BUCHSTABEN G! DIE ÜBRIGEN BUCHSTABEN ERGEBEN EINEN BEFEHL, DEN JESUS SEINEN JÜNGERN GAB.

Antwort: ______________________________

DIE AUFGABE DES HEILIGEN GEISTES

Klick hat für uns einige Informationen aus dem 16. Kapitel heruntergeladen.

FOLGE DEM RICHTIGEN WEG UND FINDE HERAUS, WAS UNSERE COMPUTERMAUS ENTDECKT HAT!

JOHANNES 17

Bevor Jesus starb, betete Er für seine Jünger. Er schloss auch die Menschen in sein Gebet ein, die später zum Glauben an ihn kommen sollten. Jesus bat seinen Vater, sich gut um sie zu kümmern. Gott sollte sie von der Sünde befreien und sie vor dem Teufel schützen. Er betete auch dafür, dass die Christen zu einer Einheit zusammenwachsen ohne sich zu streiten.

KANNST DU HERAUSFINDEN, WARUM JESUS SO BETETE? ENTSCHLÜSSLE, WAS ER SAGTE, INDEM DU WIEDER DIE ANFANGSBUCHSTABEN DER BILDER AUFSCHREIBST!

JESUS WIRD GEFANGEN GENOMMEN

Nachdem Jesus gebetet hatte, durchquerte er mit seinen Jüngern das Kidrontal. Bald waren sie in einem Garten angekommen, in dem Olivenbäume wuchsen. Judas Ischarioth wusste, dass sie dorthin gehen würden. Die Priester und Pharisäer hatten ihm einige Wächter und Soldaten zur Seite gestellt. Ausgerüstet mit Fackeln, Laternen und Schwertern kamen sie in den Garten. Jesus wusste bereits alles, was nun passieren sollte. Deshalb lief er ihnen entgegen. „Wen sucht ihr?“, fragte er. „Jesus aus Nazareth“, antworteten die Soldaten. „Ja, der bin ich!“, bekannte Jesus. Da fielen sie alle zu Boden! Aber Jesus sprach weiter: „Wenn ich der bin, den ihr sucht, dann lasst meine Jünger gehen!“ Da zog Petrus sein Schwert und schnitt Malchus, dem Diener des Hohenpriesters, das rechte Ohr ab. „Nimm dein Schwert weg!“, befahl Jesus ärgerlich. „Was nun kommt, muss ich alles erleiden. Gott will es so.“

Jesus wusste, dass nun die Zeit gekommen war, wo man ihn gefangen nehmen sollte. Deshalb lief er nicht weg und wehrte sich auch nicht mit Gewalt.

KANNST DU IN DEM BUCHSTABENSALAT FOLGENDE WORTE ENTDECKEN? ACHTUNG! MANCHMAL MUSST DU AUCH DIAGONAL ODER RÜCKWÄRTS LESEN …

Fackel, Schwert, Laterne, Malchus, Ohr, Judas, Jesus, Soldaten, Pharisaeer

A	L	M	O	C	H	I	S	J	T	U	R	N	X	F
N	S	S	A	Y	J	O	P	E	V	C	A	T	A	N
O	C	R	U	R	I	D	C	S	E	U	M	C	L	S
S	H	U	J	U	D	A	S	U	P	E	K	C	G	Z
P	W	M	A	T	N	R	D	S	O	E	I	B	L	V
F	E	R	P	X	L	A	M	U	L	X	P	C	P	Y
C	R	L	A	T	E	R	N	E	O	U	C	A	H	N
S	T	F	W	B	H	E	A	U	I	B	D	X	A	G
L	R	O	K	V	S	U	H	C	L	A	M	E	R	C
E	K	E	H	P	X	C	J	W	K	F	J	Q	I	Z
T	I	Q	D	R	N	I	L	N	D	H	P	M	S	O
V	D	P	S	O	L	D	A	T	E	N	S	K	A	L
H	R	G	T	D	F	Y	M	B	Y	A	I	V	E	M
D	O	H	O	M	C	N	G	I	L	R	E	F	E	B
U	N	G	I	Z	K	C	A	X	T	N	W	A	R	H

Puh! Diese Ermittlung ist ganz schön anstrengend, Annika!
Ja, ich weiß. Aber komm, Peter! Lass uns weitermachen, es gibt noch viel zu tun!

PETRUS VERLEUGNET JESUS

Klick hat uns noch mehr Informationen darüber gegeben, wo Jesus als nächstes hingeführt wurde:
zu Hannas, dem Schwiegervater von Kaiphas. Kaiphas war zu dieser Zeit gerade Hohenpriester. Von ihm stammen auch die Worte, dass es für alle besser wäre, wenn ein einziger Mann für das ganze Volk stirbt. Erinnerst du dich? Hier kannst du das Ende dieser Geschichte lesen.

Petrus folgte Jesus bis in den Innenhof von Kaiphas' Haus. Dort erkannte ihn eine Frau und fragte ihn: „Bist du nicht auch einer von den Jüngern Jesu?" „Nein", sagte Petrus, „das bin ich nicht!" Es war kalt und die Diener wärmten sich an einem Feuer. Auch Petrus stand dort und wärmte sich die Hände. Drinnen im Haus befragte der Hohenpriester Jesus über das, was er den Menschen erzählt hatte.

Und Jesus antwortete: „Das, was ich euch gelehrt habe, ist den meisten bekannt. Ich habe oft im Tempel und in den Synagogen gepredigt. Ich habe keine Geheimnisse, die ich verbergen müsste." Dann fragte er weiter: „Warum stellt ihr mir diese Fragen?" Fragt doch die Menschen, die meinen Predigten zugehört haben. Die wissen, was ich gesagt habe."

In diesem Moment schlug einer der Tempelwächter Jesus ins Gesicht und sagte: „Redet man so mit einem Hohenpriester?"

Jesus antwortete: „Wenn ich etwas Falsches gesagt habe, dann beweise es mir! Ich habe die Wahrheit gesagt. Warum schlägst du mich?"

Draußen auf dem Hof wurde Petrus noch einmal gefragt: „Bist du nicht einer von den Jüngern Jesu?" „Nein!", sagte er wieder. Aber ein Diener wunderte sich und sagte: „Haben wir ihn nicht zusammen mit Jesus im Olivengarten gesehen?" Dieser Diener war nämlich ein Verwandter von Malchus, dem Mann, dem Petrus das Ohr abgehauen hatte.

Petrus verleugnete Jesus auch ein drittes Mal. In diesem Augenblick krähte der Hahn.

KANNST DU DEN HAHN UND DREI MÄUSE IN DEM BILD FINDEN?

JESUS WIRD ANGEKLAGT

Klick hat uns wieder einen Fall zugefaxt.
Peter, schau dir das an!

Früh am Morgen wurde Jesus zu Pilatus gebracht, dem römischen Statthalter. Pilatus sagte den Juden aber, dass sie Jesus nach ihren eigenen jüdischen Gesetzen verurteilen sollten. „Aber nur die Römer dürfen jemanden hinrichten“, antworteten die Juden. Da sagte Pilatus zu Jesus: „Bist du der König der Juden?“ Jesus antwortete: „Ist das deine eigene Meinung, oder hat dir jemand anderes von mir erzählt?“ - „Bin ich denn ein Jude?“, fragte Pilatus zurück. Und er sagte weiter: „Die Leute aus deinem eigenen Volk haben dich zu mir gebracht. Was hast du getan?“ Jesus erzählte Pilatus, dass er kein irdischer König sei. Sein Reich könnte man nicht mit einem Königreich auf dieser Welt vergleichen. „Dann bist du also doch ein König?“, fragte Pilatus. „Du sagst, dass ich ein König bin und das ist richtig. Dazu bin ich geboren“, sagte Jesus.
Was sagte er noch?

VERVOLLSTÄNDIGE DAS BUCHSTABENPUZZLE, INDEM DU DEN CODE ENTSCHLÜSSELST UND DIE BUCHSTABEN A, E, I, O UND U IM TEXT EINSETZT!
JEDES ZEICHEN UND JEDES FREIE KÄSTCHEN IST WAAGERECHT MIT EINEM BUCHSTABEN, SENKRECHT MIT EINER ZAHL GEKENNZEICHNET. DER CODE FÜR DEN ERSTEN FEHLENDEN BUCHSTABEN HEISST ALSO „A1“. JETZT SCHAUST DU IN DER OBEREN TABELLE NACH, WELCHER BUCHSTABE SICH HINTER DIESER KOMBINATION VERBIRGT UND SETZT IHN AN DER RICHTIGEN STELLE EIN. VERFAHRE MIT ALLEN BUCHSTABEN NACH DIESEM SCHEMA!

a	c5	d2	e2	g2	h2												
e	a8	a13	b4	b7	b12	c3	c9	d4	d8	d12	e6	e11	f5	f8	f11	g6	g9	g14
i	a1	a5	c2	c10	d11	e7	e10	f2	g7	h6							
o	a10	g11															
u	b1	c13															

	1	2	3	4	5	6	7	8	9	10	11	12	13	14	15
a		C	H	B		N	G		K		M	M		N	
b		M	D		N	M		N	S	C	H		N		
c	D			W		H	R	H			T	Z			
d	S		G		N	.	W		R	D					
e	W		H	R	H			T	L			B	T		
f	W		R	D		R	K		N	N		N			
g	D		S	S	M			N		W		R	T		
h	W		H	R	S		N	D							

„Was ist überhaupt Wahrheit?“, fragte Pilatus. Dann ging er aus dem Palast und sagte den Juden, dass er keinen Grund fand, Jesus zu verurteilen. Deshalb sagte er: „Es ist üblich, zum Passahfest einen Gefangenen freizulassen. Wollt ihr, dass ich euch Jesus, den ‚König der Juden' freigebe?“ „Nein! Nicht ihn!“, schrien da die Menschen, „sondern Barabbas!“ Dieser Mann war aber ein Verbrecher.

JESUS WIRD ZUM TOD VERURTEILT

Jesus hatte in seinem ganzen Leben nichts Falsches getan. Trotzdem behandelte man ihn grausam. Er wurde mit einer Rute ausgepeitscht, so dass sein ganzer Rücken blutete. Dann setzten ihm die Soldaten eine Dornenkrone auf den Kopf und zogen ihm einen roten Mantel an. Sie verspotteten Jesus, schlugen ihm ins Gesicht und riefen:

Da ging Pilatus wieder hinaus zu den Juden und sagte:

Jesus wurde hinausgebracht und die Hohenpriester und Tempelwächter schrien:

Aber Pilatus sagte: „Dann kreuzigt ihn doch selbst! Ich sage, er ist unschuldig!“ Doch die Anführer der Juden wollten, dass er nach ihrem Gesetz verurteilt würde, weil er sich selbst ‚Sohn Gottes' nannte. Da bekam Pilatus Angst. Er führte Jesus zurück in den Palast und redete mit ihm.

KANNST DU HERAUSFINDEN, WAS JESUS ANTWORTETE? SETZE DIE FEHLENDEN BUCHSTABEN E, I UND U IN DEN TEXT EIN! (Ü=UE)

D_ wär_st machtlos, w_nn d_r

Gott k_ _ne Macht _ _ber m_ch

g_g_ben hätte. D_shalb _st a_ch

d_ _ S_ _nde d_r M_nsch_n, d_ _

m_ch an d_ch a_sg_l_ _f_rt

hab_n, größer als d_ _n_ Sch_ld!

Dann versuchte Pilatus noch einmal Jesus freizulassen, aber die Anführer der Juden sagten ...

Da führte Pilatus Jesus noch einmal heraus. Er setzte sich auf den Richterstuhl, der an der Stelle stand, die man „Steinpflaster“ nannte und sagte:

Als Pilatus das gesagt hatte, war es gerade Mittag. Zu diesem Zeitpunkt bereiteten sich die Menschen auf das Passahfest vor.
Aber die Juden waren zornig und schrien nur: „Weg mit ihm! Kreuzige ihn!“
„Soll ich etwa euren König ans Kreuz nageln lassen?“, fragte Pilatus noch einmal. Und die Menschen riefen: „Wir haben keinen König, nur den Kaiser!“ Da befahl Pilatus Jesus kreuzigen zu lassen.

WAAGERECHT: (Ö = OE)

6. Die setzte man Jesus auf den Kopf.
7. In diesem Gebäude sprach Pilatus mit Jesus.
8. Diesen braucht man zum Sprechen.
10. Die Menschen schrien: „... ihn!"
12. Es war ..., der Jesus zum Tod verurteilte.
13. Dieses Kleidungsstück zog man Jesus an.
14. Die Menschen forderten, dass ... freigelassen würde.
17. Jesus sagte, dass Pilatus keine ... über ihn hätte, wenn Gott sie ihm nicht gegeben hätte.
18. Darauf saß Pilatus.
20. Sie verspotteten Jesus und schlugen ihm ins Gesicht.
21. Diese Farbe hatte der Mantel, den man Jesus umhing.
22. Jesus sagte, dass er ein ... ist.

SENKRECHT:

1. Die Menschen nannten Jesus den ‚König der...
2. Pilatus sagte den Menschen, dass Jesus ... ist.
3. Jesus sollte verurteilt werden, weil er sich ‚... Gottes' nannte.
4. Barabbas war ein ...
5. Jesus ist gekommen, um den Menschen die ... zu sagen.
8. Es war gerade ..., als Pilatus den Befehl gab, Jesus zu töten.
9. Jesus wurde von den Soldaten sehr ... behandelt.
11. Jesus hatte in seinem Leben nichts ... getan.
12. Mittags bereiteten die Menschen das ... vor.
15. Pilatus bekam ... , als die Juden den Tod Jesu forderten.
16. Die Menschen riefen: „Wir haben keinen König, nur einen ...!"
19. Pilatus fragte: „Weißt du nicht, dass ich Macht ..., dich kreuzigen zu lassen?

Die Soldaten packten Jesus und nahmen ihn mit. Er musste sein Kreuz selbst tragen bis zu der Stelle, die „Schädelstätte" genannt wurde. Dort kreuzigte man Jesus neben zwei anderen Männern. Pilatus nagelte ein kleines Schild an das Kreuz von Jesus. Darauf stand geschrieben:

KANNST DU HERAUSFINDEN, IN WELCHEN SPRACHEN DIESER SATZ GESCHRIEBEN WAR? (AE = Ä)

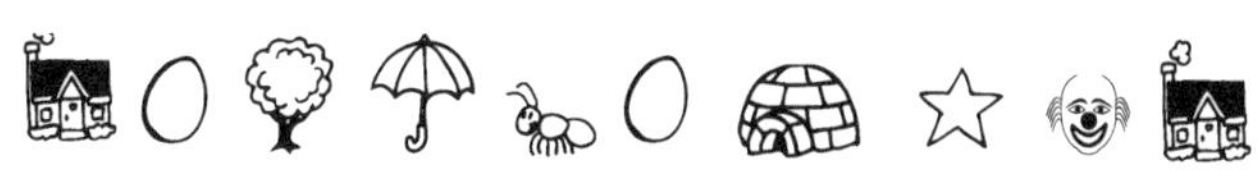

_ _ _ _ _ _ _ _ _ _

_ _ _ _ _ _ _ _ _ _

_ _ _ _ _ _ _ _ _ _

Die Hohenpriester ärgerten sich aber über diesen Satz. Sie sagten: „Schreibe nicht ‚König der Juden', sondern, dass er von sich behauptet, er sei der König der Juden!" Doch Pilatus antwortete: „Es bleibt genauso stehen, wie ich es geschrieben habe."
Als die Soldaten Jesus gekreuzigt hatten, teilten sie seine Kleider unter sich auf. Jeder der vier Männer bekam etwas davon ab. Jesu Gewand aber wollten sie nicht zerschneiden, denn es war aus einem Stück Baumwolle gewebt und hatte keine Nähte. Darum verlosten sie dieses Kleidungsstück unter sich.
Damit wurde eine Vorhersage aus dem Alten Testament erfüllt ...

SETZE DIE VOKALE A, E, I, O UND U IN DIE LÜCKEN EIN UM ZU ERMITTELN, WAS MAN SCHON VOR LANGER ZEIT ÜBER JESUS GESCHRIEBEN HATTE! DIE ANFANGSBUCHSTABEN DER BILDER HELFEN DIR DABEI.

„M_ _n_ Kl_ _d_r h_b_n s_ _ _nt_r s_ch g_t_ _lt _nd m_ _n G_w_nd v_rl_st." Psalm 22,19

In der Nähe des Kreuzes standen die Mutter von Jesus, ihre Schwestern Maria Magdalena und Maria, die Frau von Kleopas. Jesus sah seine Mutter neben dem Jünger stehen, den er besonders lieb hatte, und sagte zu ihr: „Er soll jetzt dein Sohn sein!" Und zu dem Jünger sprach er: „Sie ist jetzt deine Mutter." Da nahm der Jünger sie zu sich in sein Haus.

JESUS STIRBT

Jesus wusste, dass sein Auftrag nun erfüllt war. Und als er sprach: „Ich bin durstig!“, erfüllte sich wieder eine Vorhersage aus der Heiligen Schrift. Die Soldaten tauchten einen Schwamm in Essig ein, steckten ihn dann auf einen Stab und hielten ihn Jesus an den Mund. Als Jesus etwas getrunken hatte, sagte er: „Es ist vollbracht!“ Dann ließ er den Kopf sinken und starb.
Das alles passierte am Tag vor dem Passahfest. Damit die Toten nicht an diesem hohen Feiertag am Kreuz hängen blieben, baten die Juden Pilatus den Gekreuzigten die Beine zu brechen und sie anschließend vom Kreuz abzunehmen. Aber als sie zu Jesus kamen, bemerkten sie, dass er schon tot war. Deshalb brachen sie ihm seine Beine nicht. Ein Soldat stach mit einem Speer in Jesu Körper. Da flossen Blut und Wasser aus der Wunde.
So wurden zwei weitere Verheißungen erfüllt.

FOLGE DEN LINIEN UND FINDE HERAUS WELCHE DAS WAREN!

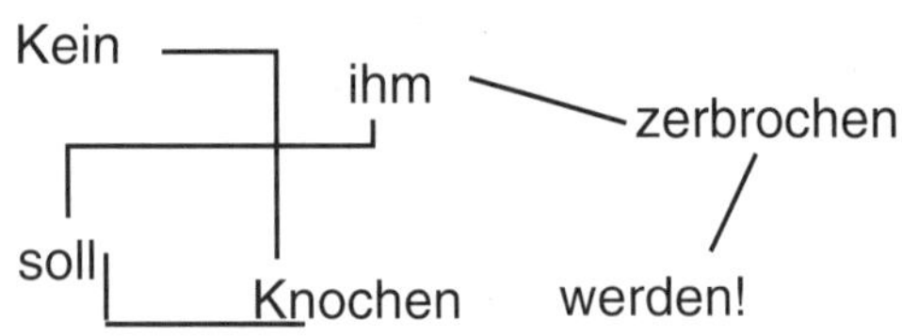

(2. Mose 12,46)

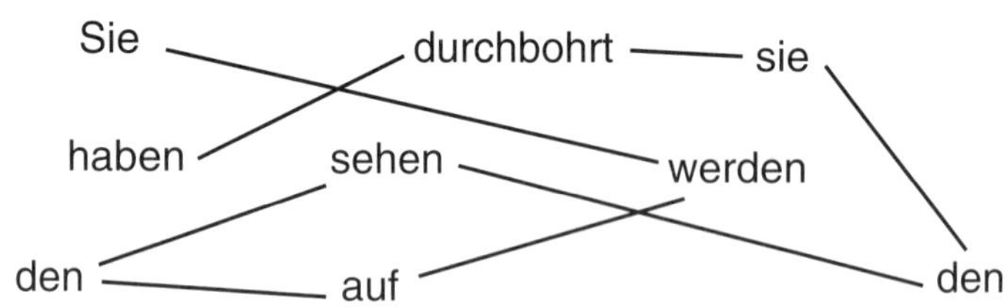

(Sacharia 12,10)

JESUS WIRD BEGRABEN

Plötzlich tauchte Joseph von Arimathia auf. Er war einer von denen, die nur heimlich an Jesus glaubten, weil sie Angst vor den Anführern der Juden hatten. Er ging zu Pilatus und bat ihn Jesus vom Kreuz abnehmen zu dürfen. Als Pilatus es ihm erlaubte, ging er hin und nahm den Leichnam vom Kreuz herunter.

Joseph und sein Freund Nikodemus rieben den toten Körper mit gutriechenden Ölen ein und wickelten ihn in Leinentücher. In der Nähe der Stelle, an der Jesus gekreuzigt wurde, lag ein Garten. Darin stand ein großer Felsen, in den ein neues Grab gehauen war. Noch nie war es benutzt worden. Bald würde das Passahfest beginnen. Joseph und Nikodemus hatten es eilig und beschlossen deshalb Jesus in dieses Grab zu legen.

JESUS LEBT

Am Sonntagmorgen, als es noch dunkel war, ging Maria Magdalena zum Grab. Da sah sie, dass der Stein vor dem Eingang weggerollt war! Schnell lief sie zurück und fand Petrus und den Jünger, den Jesus besonders liebte.

Petrus und der andere Jünger rannten sofort zum Grab. Dieser Jünger kam als erster dort an und schaute hinein. Da sah er die Leinentücher liegen, in die man Jesus gewickelt hatte! Er getraute sich nicht, in das Grab hineinzugehen. Dann kam Petrus dazu und ging in das Grab. Auch er sah die Leinentücher und das Tuch, das den Kopf von Jesus bedeckt hatte. Alles war ordentlich zusammengelegt. Nun schaute sich auch der andere Jünger im Grab um. Da glaubte er, dass Jesus wirklich vom Tod auferstanden war!

Du siehst, bis zu diesem Tag hatten die Jünger nicht verstanden, was über die Auferstehung Jesu vorrausgesagt wurde. Doch nun sahen sie mit eigenen Augen, was geschehen war!

KANNST DU DIE VIER UNTERSCHIEDE ZWISCHEN DEN BILDERN ENTDECKEN?

MARIA MAGDALENA BEGEGNET JESUS

Maria stand vor dem Grab und weinte. Da sah sie plötzlich zwei Engel in weißen Kleidern am Grab sitzen. „Warum weinst du?", fragte einer von beiden. „Weil sie meinen Herrn weggenommen haben. Und ich weiß nicht, wo sie ihn hingebracht haben", schluchzte sie. In diesem Moment drehte sie sich um und sah Jesus! Aber sie erkannte ihn nicht. Er fragte sie: „Wen suchst du?" Maria wusste nicht, dass Jesus vor ihr stand. Sie sagte zu ihm: „Hast du ihn weggenommen? Dann sag mir doch, wo du ihn hingebracht hast. Ich will ihn holen!"

„Maria!", antwortete Jesus. Da zuckte sie zusammen und rief: „Mein Meister!" Jesus sagte: „Halte mich nicht fest, denn ich bin noch nicht zu meinem Vater zurückgekehrt. Geh zu meinen Brüdern und sage ihnen: Ich kehre zurück zu meinem Vater und zu eurem Vater, zu meinem Gott und zu eurem Gott." Maria lief sofort zu den Jüngern und berichtete ihnen: „Ich habe den Herrn gesehen!" Und sie erzählte alles, was Jesus ihr gesagt hatte.

FÜR WEN HIELT MARIA JESUS, ALS SIE IHN AM GRAB SAH? BEANTWORTE DIE FRAGEN. DIE MARKIERTE SPALTE VERRÄT DIR DANN DIE LÖSUNG. (Ü = UE, Ä = AE)

1. So hieß Maria noch.
2. An welchem Wochentag ging Maria zum Grab?
3. Dieser war vom Grabeingang weggerollt.
4. Jesus lag nicht mehr im Grab, weil er ... war.
5. Sie lagen zusammengelegt im Grab.
6. Das tat Maria, als sie zum Grab kam.
7. So nannte Maria Jesus.
8. So hieß einer der Jünger, der zum Grab gekommen war.

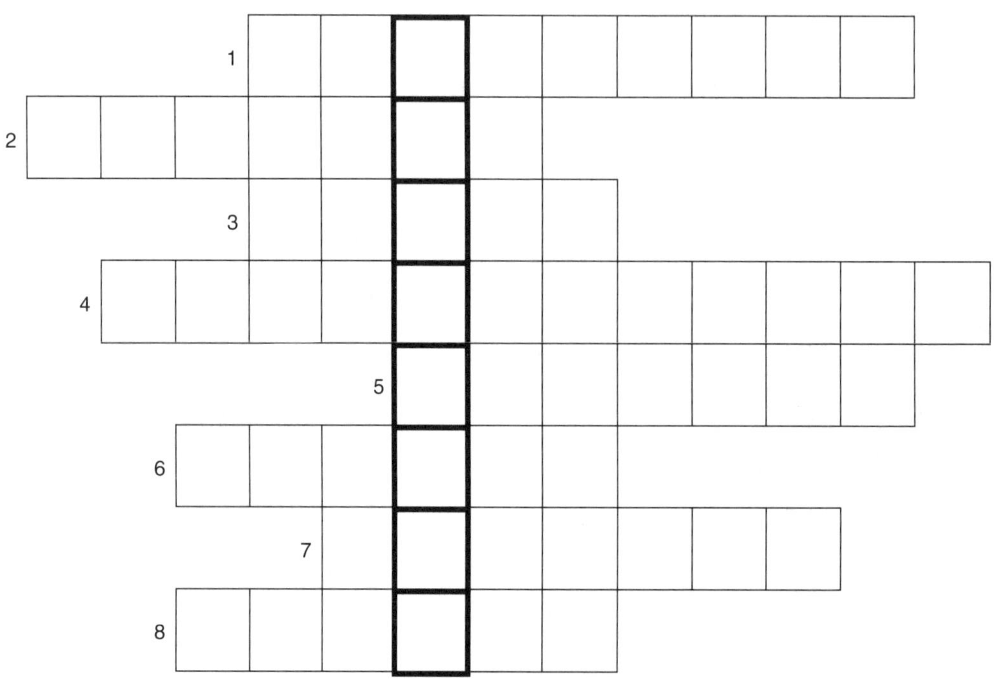

JESUS BEGEGNET SEINEN JÜNGERN

Peter, ich kann gut verstehen, wie sich die Jünger fühlten, als Jesus gestorben war. Sicher waren sie sehr traurig und hatten Angst vor den Anführern der Juden. Kein Wunder, dass sie sich am Sonntagabend in einem Haus versammelten und die Türen hinter sich fest verschlossen.
Ja, Annika, die Jünger fragten sich bestimmt, was wohl als nächstes passieren würde.

Da stand plötzlich Jesus mitten unter ihnen! Wie kam er bloß durch die verschlossene Tür? „Friede sei mit euch!", grüßte er sie. Und dann zeigte er ihnen die Wunden an seinen Händen und an seiner Seite. Da wurden sie mit großer Freude erfüllt, denn in diesem Augenblick erkannten sie, dass Jesus wirklich auferstanden war!

FÜGE DIE PUZZLETEILE NACH DEM MUSTER AUF DER NÄCHSTEN SEITE ZUSAMMEN! SO FINDEST DU HERAUS, WAS JESUS IHNEN SAGTE. DIE WÖRTER KANNST DU IN DIE LEEREN FELDER SCHREIBEN.

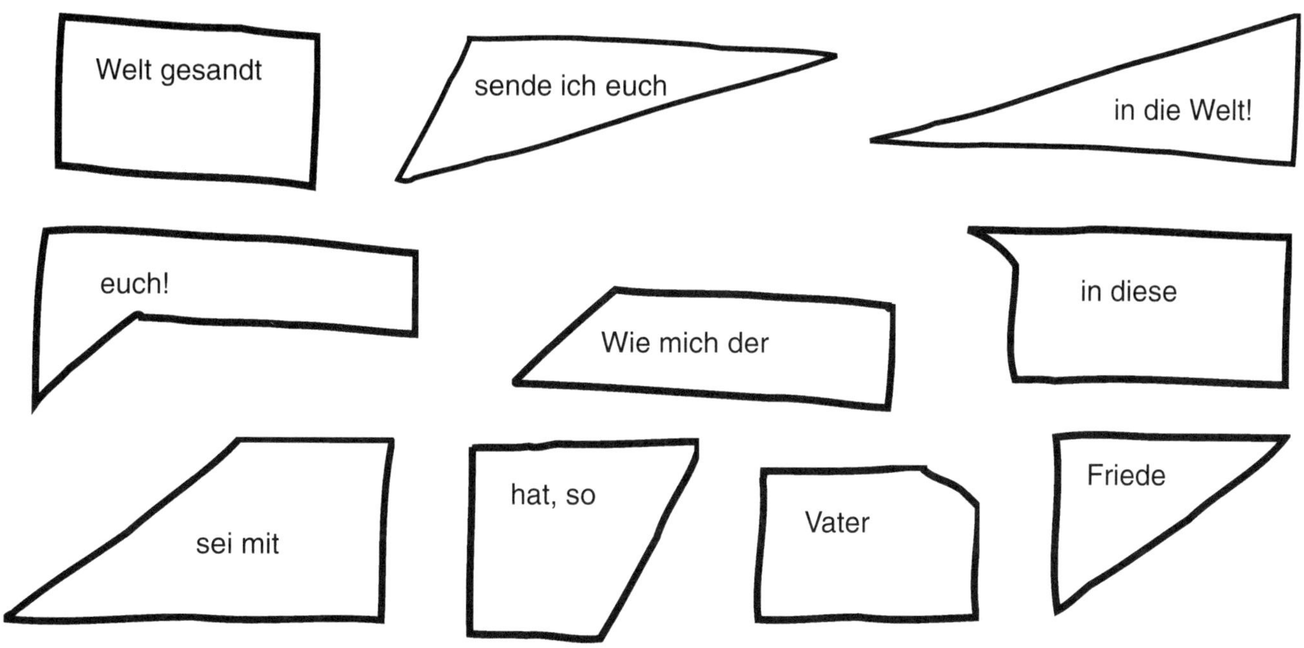

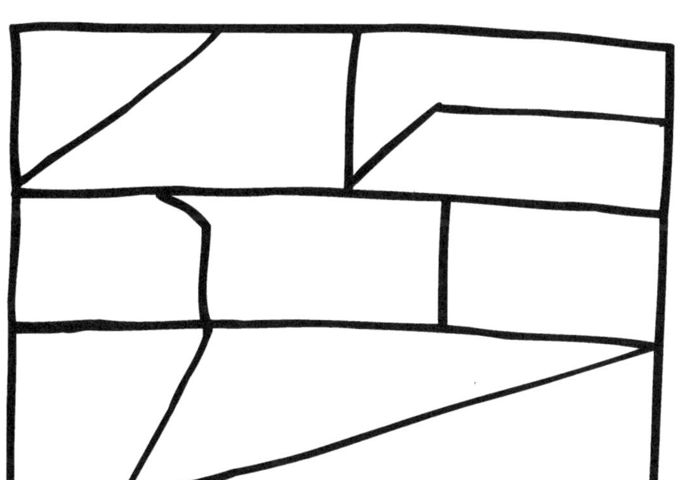

Einer der Jünger, Thomas, war nicht dabei, als Jesus den Jüngern erschien. Als die anderen ihm erzählten, dass sie Jesus gesehen hatten, glaubte er ihnen nicht. „Erst will ich seine durchbohrten Hände sehen und meine Finger in die Wunde an seiner Seite legen. Nur dann kann ich es glauben!", sagte er.

Acht Tage später versammelten sich die Jünger wieder. Diesmal war auch Thomas dabei. Da erschien Jesus noch einmal. „Friede sei mit euch!", sagte er. Dann redete er mit Thomas.

KANNST DU ERRATEN, WAS JESUS ZU IHM SAGTE? ÜBERSPRINGE JEDEN ZWEITEN BUCHSTABEN UND SCHREIBE DIE ANDEREN NACHEINANDER AUF! BEGINNE MIT DEM BUCHSTABEN „L" IM ÄUSSEREN KREIS.

Laebgcefdgehiknlemnoo FpidneggestraruvfumwexiynaebdcuzrdcehfbgokhlrmtoepnqHräsntdue

Gpirbtmvixradcedifngek Hmalnodpuqnrdslzeagfebsginetipedöihce Wxufnadmeoatnumkegiwnaebrj Siedihtbe!

____

____

Dann sagte Jesus noch etwas. Klick hat uns erzählt, dass es wieder ein Rätsel zu lösen gibt. Also los! Auf der nächsten Seite geht es weiter.

ERMITTLE, WAS JESUS NOCH SAGTE!
DIE GESICHTER ÜBER DEN LÜCKEN HELFEN DIR DEN RICHTIGEN BUCHSTABEN EINZUSETZEN.
Ä=AE, Ö=OE, Ü=UE

a e i o u

Zweifle nicht länger, sondern glaube!

D_ gl_ _bst, w_ _l d_ m_ch g_s_h_n h_st. W_ _
gl_ _ckl_ch k_ _nn_n _rst d_ _ s_ _n, d_ _ n_cht
s_h_n _nd tr_tzd_m gl_ _b_n!

Eines Tages, es war nach dem Frühstück, sprach Jesus mit Petrus.

AUF DER NÄCHSTEN SEITE IST NUN DAS LETZTE RÄTSEL ZU LÖSEN. FOLGE DEN LINIEN UND KOMME SO DEM GESPRÄCH AUF DIE SPUR! DANN ERFÄHRST DU, WORÜBER SICH JESUS MIT PETRUS UNTERHIELT.

Petrus, Sohn des Johannes, liebst du mich mehr als die anderen hier?

Petrus antwortete:

Ja, Herr, du weißt, dass ich dich lieb habe!

Dann hüte meine Lämmer!

Simon, Sohn des Johannes, liebst du mich?

Und Petrus antwortete wieder:

Ja, Herr, du weißt doch, dass ich dich liebe.

Dann hüte meine Schafe!

Petrus, Sohn des Johannes, hast du mich wirklich lieb?

Herr, du weißt alles. Du weißt doch auch, wie sehr ich dich liebe!

Jesus sagte zu Petrus: „Hüte meine Schafe!“ Als du jünger warst, konntest du noch das tun, was du wolltest und gehen, wohin du wolltest. Aber wenn du älter bist, wirst du deine Hände ausstrecken und ein anderer wird dich dorthin führen, wo du nicht hingehen willst!“ Damit deutete Jesus darauf hin, wie Petrus einmal sterben würde. Gott sollte durch seinen Tod verherrlicht werden. Dann forderte Jesus ihn auf: „Folge mir nach!“

Was meinte Jesus, als er Petrus den Auftrag gab seine Lämmer zu hüten und seine Schafe zu weiden? Die Schafe sind ein Bild für die Menschen, die Jesus lieben und ihm nachfolgen. Liebst du Jesus? Hast du ihn schon einmal um Vergebung deiner Sünden gebeten? Er ist am Kreuz für dich gestorben, damit du deine ganze Schuld los wirst. Hast du ihm dafür schon einmal Danke gesagt? Dann bist du jetzt ein Schaf in seiner Herde! Jesus ist der gute Hirte. Erinnerst du dich?

Petrus also sollte sich um alle kümmern, die Gott vertrauen. Er sollte ihnen von Jesus erzählen. Das ist eine sehr wichtige Aufgabe. Vielleicht wirst du eines Tages auch den Menschen das Wort Gottes erzählen? Es ist gut, dass es Menschen gibt, die anderen helfen, die Bibel besser zu verstehen!

Betest du mit uns, dass immer mehr Leute Jesus kennen lernen? Lass uns Gott danken, dass er Jesus auf die Erde geschickt hat, damit er jedem von uns den Weg zu ihm zeigt!

URKUNDE

____

HAT DEN

FALL JOHANNES

ERFOLGREICH GELÖST

Unterschrift: ______________________ Datum: ____________

AUFLÖSUNG DER RÄTSEL

SEITE 5 Andreas, Simon, Petrus, Philippus, Nathanael

SEITE 7 Der Eifer um dein Haus verzehrt mich.
Schafe, Tauben, Strick, Wunder, Geld, Händler, Verkäufer, Vollmacht, Geldwechsler, verärgert, Passahfest, Tische, Marktplatz. Lösungswort: Seinen Körper.

SEITE 9 Denn Gott hat die Menschen so sehr geliebt, dass er seinen einzigen Sohn für sie hergab. Jeder, der an ihn glaubt, wird nicht verloren gehen, sondern das ewige Leben haben.

SEITE 9 Wer tut, was richtig ist, tritt gerne ins Licht. Jeder kann dann sehen, dass er tut, was Gott will.

SEITE 10 **Waagerecht:** 2. gehen 7. Dunkelheit 8. Erde 9. Tee 10. Mose 12. Suende 14. gut 15. hassten 17. falsch 19. boese 20. Himmel 21. Reich 22. Tag
Senkrecht: 1. sehen 3. Ende 4. Geld 5. Gottes 6. retten 10. menschliches 11. Unglaube 13. Welt 16. Wasser 18. Geburt

SEITE 12 Er muss wachsen, ich aber muss hinter ihm zurücktreten.

SEITE 13 Alle
Worträtsel: Vater, Zorn, erfuellte, alle, Macht, sandte, Christen, gehoert, treu, Lösungswort: Vollmacht.

SEITE 14 Wenn du wüsstest, was Gott dir geben will und wer dich hier um Wasser bittet, würdest du mich um das Wasser bitten, das du zum Leben brauchst. Und ich würde es dir geben.

SEITE 16 Jetzt glauben wir, weil wir es selbst gehoert haben. Jetzt wissen wir, dass dieser Mann wirklich der Retter der Welt ist!

SEITE 19 Wer meine Botschaft hört und glaubt, dass Gott mich gesandt hat, der hat ewiges Leben. Er wird nicht verurteilt werden wegen seiner Sünden, sondern ist vom Tod ins Leben gekommen.

SEITE 20 Heiligen Schriften, Schriften, weigert, ewiges Leben
Vater, glaubt, Namen

SEITE 21 Wo sollen wir Brot für so viele Menschen kaufen?
Acht Monate an Lohn reichen nicht um Brot für so viele Menschen zu kaufen.

SEITE 22 1. zwei 2. ewig 3. Brot 4. Petrus 5. Galiläa 6. fünf.
Wirklich, er ist der Prophet, auf den wir schon lange gewartet haben!

SEITE 23 1. Brot, Lebens, Hunger, Durst, 2. Vater, zurueckstossen, 3. jeder, glaubt, leben.
Herr, zu wem sollen wir denn gehen? Nur deine Worte bringen ewiges Leben. Wir glauben und haben erkannt, dass du der Sohn Gottes bist.

SEITE 24 Wenn du schon Wunder vollbringst, dann zeige sie doch vor aller Welt!

SEITE 25 Die Welt kann euch nicht hassen, aber mich hasst sie, weil ich ihr sage, wie sündig und böse sie ist.

SEITE 26 1. Er ist ein guter Mensch. 2. Nein, er ist ein Verfuehrer!

SEITE 27 Ist er nicht der Mann, den sie töten wollen? Hier redet er öffentlich und sie sagen kein Wort zu ihm. Kann es sein, dass unsere Führer wissen, dass er wirklich der Messias ist?
Lösungswort: Menschensohn

SEITE 28 1. ihn einsperren 2. das Land verlassen 3. Heiliger Geist

SEITE 29 spuckte, Brei, Siloah

SEITE 33 Ich bin die Auferstehung und das Leben.

SEITE 34 Lazarus, komm heraus!

SEITE 35 **Waagerecht:** 3. Jesus, 5. Wunder, 7. Auferstehung, 10. Herrlichkeit, 11. krank, 15. Esel, 16. Felsen, 18. Bote, 20. Bethanien, 21. Tuecher, 23. gross, 25. Glauben, 26. Maria, 27. weinen, 28. Trauer
Senkrecht: 1. Bruder, 2. vier, 4. Schwester, 6. Unwahrheit, 8. lieb, 9. leben, 12. Nase, 13. Stein, 14. Zeit, 17. nachfolgen, 18. Beten, 19. Martha, 22. viele, 24. Gebet

SEITE 36 Was sollen wir bloss tun? Dieser Mann hier vollbringt Zeichen und Wunder. Wenn wir nichts gegen ihn unternehmen, werden bald alle an ihn glauben.

SEITE 37 Das ist doch ganz einfach! Erkennt ihr denn nicht, dass es besser für uns ist, wenn einer fuer das Volk stirbt, als dass ein ganzes Volk zugrunde geht?

SEITE 38 Judas Ischarioth

SEITE 39 Arme, Bethanien, Christus, Duft, Essen, Füße, Geld, Haare; Ischarioth, Judas, kostbar, Lazarus, Martha, Nacht, Öl, Passahfest, Quadrat, Ruhe, salben, Tisch, unten, Vermögen, Wüste, Xylophon, Ysop, Zeichen

SEITE 40 Gelobt sei Gott! Gelobt sei, der in Gottes Namen kommt! Heil dem König von Israel!
Fürchte dich nicht, du Volk Israel! Dein König kommt! Er reitet auf einem Eselsfohlen.

SEITE 41 Ich bin als das Licht in die Welt gekommen, damit keiner, der an mich glaubt, länger in der Dunkelheit leben muss.

SEITE 42 Ich habe euch ein Beispiel gegeben. Tut also das, was ich auch getan habe. Ich sage euch die Wahrheit: Ein Diener ist nicht größer als sein Herr. Wenn ihr das erkannt habt und mich zu eurem Vorbild macht, werdet ihr von Gott gesegnet.

SEITE 42 Der, mit dem ich das Brot teile, hat sich gegen mich gewendet.
Was du tun willst, das tue bald!

SEITE 47

Ihr sollt euch einander lieben wie ich euch geliebt habe. An eurer Liebe füreinander wird die Welt erkennen, dass ihr meine Jünger seid

SEITE 44

1. helfen, 2. immer, 3. erinnern, 4. verlassen, 5. der, 6. Juenger, 7. Wohnungen, 8. lieben, 9. ermutigt, 10. holen, 11. Vater, 12. Wahrheit, 13. Zeit, 14. Gebote, 15. Leben. Lösung: Frieden im Herzen.

SEITE 45

Liebt einander!

SEITE 48

A	L	M	O	C	H	I	S	J	T	U	R	N	X	F
N	S	S	A	Y	J	O	P	E	V	C	A	T	A	N
O	C	R	U	R	I	D	C	S	E	U	M	C	L	S
S	H	U	J	U	D	A	S	U	P	E	K	C	G	Z
P	W	M	A	T	N	R	D	S	O	E	I	B	L	V
F	E	R	P	X	L	A	M	U	L	X	P	C	P	Y
C	R	L	A	T	E	R	N	E	O	U	C	A	H	N
S	T	F	W	B	H	E	A	U	I	B	D	X	A	G
L	R	O	K	V	S	U	H	C	L	A	M	E	R	C
E	K	E	H	P	X	C	J	W	K	F	J	Q	I	Z
T	I	Q	D	R	N	I	L	N	D	H	P	M	S	O
V	D	P	S	O	L	D	A	T	E	N	S	K	A	L
H	R	G	T	D	F	Y	M	B	Y	A	I	V	E	M
D	O	H	O	M	C	N	G	I	L	R	E	F	E	B
U	N	G	I	Z	K	C	A	X	T	N	W	A	R	H

SEITE 50

Ich bin gekommen um den Menschen die Wahrheit zu sagen. Wer die Wahrheit liebt, wird erkennen, dass meine Worte wahr sind.

SEITE 51

Du wärest machtlos, wenn dir Gott keine Macht ueber mich gegeben hätte. Deshalb ist auch die Suende der Menschen, die mich an dich ausgeliefert haben, größer als deine Schuld!

SEITE 52

Waagerecht: 6. Dornenkrone, 7. Palast, 8. Mund, 10. kreuzige, 12. Pilatus, 13. Mantel, 14. Barabbas, 17. Macht, 18. Richterstuhl, 20. Soldaten, 21. rot, 22. Koenig
Senkrecht: 1. Juden, 2. unschuldig, 3. Sohn, 4. Verbrecher, 5. Wahrheit, 8. Mittag, 9. grausam, 11. Falsches, 12. Passahfest, 15. Angst, 16. Kaiser, 19. habe

SEITE 53

hebräisch, lateinisch, griechisch.
Meine Kleider haben sie unter sich geteilt und mein Gewand verlost.

SEITE 54

Kein Knochen soll ihm zerbrochen werden!
Sie werden auf den sehen, den sie durchbohrt haben.

SEITE 55

Unterschiede: zwei/drei Schmetterlinge, drei/vier Vögel, schwarze/weiße Jacke, Jünger mit/ohne Kopfbedeckung

SEITE 56

1. Magdalena, 2. Sonntag, 3. Stein, 4. auferstanden, 5. Tuecher, 6. weinen, 7. Meister, 8. Petrus. Lösung: Gaertner.

SEITE 57

Friede sei mit euch! Wie mich der Vater in die Welt gesandt hat,
so sende ich euch in die Welt!

SEITE 58

Lege deinen Finger auf meine durchbohrten Hände!
Gib mir deine Hand und lege sie in die Wunde an meiner Seite!

SEITE 59

Du glaubst, weil du mich gesehen hast. Wie glücklich können erst die sein, die nicht sehen und trotzdem glauben!